KB058389

# 권력은
# 어떻게
# 무너지는가

혼돈의 시대, 당신을 위한 정치 인문학

# 권력은
# 어떻게
# 무너지는가

육덕수 지음

21세기북스

# 혼돈의 시대,
# 당신을 위한 정치 인문학

지치고 힘든 당신에게 묻습니다.

"지금 당신은 어디에 있습니까?"

"무엇에 의지해 어두운 길을 걷고 있습니까?"

불안의 시대입니다. 오래된 균형은 무너졌습니다. 한국은 물론 세계가 미증유의 시대로 휩쓸려가고 있습니다. 한 치 앞도 보이지 않는 암흑의 길입니다.

인간이란 존재가 어느 때보다 강력해졌다고 자만하던 어제까지의 세계는 사라지고 있습니다. 과거의 시대는 가고, 내일의 시대가 오고 있습니다. 중세의 암흑기를 극복한 계몽의 시대 이후 거침없이 진보의 계단만 밟고 올라온 인류가 다시 문명의 후퇴기에 접어들고 있습니다.

세계적인 지각 변동입니다. 과거의 질서로 만들어진 어제의 세상은 모두 무너지고 있습니다. 어제까지 믿고 따랐던 행동과 생각, 사회의 질서가 이제는 모두 잘못된 것이 되고 있습니다. 우리 사회도 코로나-19라는 전대미문의 바이러스가 촉발한 충격파로 인해 마치 대지진이 덮친 듯한 혼돈의 형국이 되었습니다.

격동의 현대사를 지나온 나라답게 한국은 위기 속에서도 잘 버티고 있습니다. 마스크밖에 대안이 없었던 억센 질병을 가까스로 막아낸 건 숱한 위기의 경험이 내재화한 견고한 시민 의식 덕분입니다. 세계 여느 나라에 비해 코로나-19로 인한 피해가 크지 않다고 해도 한국 사회도 코로나-19가 몰고 올 거시적인 변화에서 자유롭지 않습니다.

바이러스와의 긴 전쟁은 개인과 사회에 촘촘한 변화를 가져오고 있고 누적된 변화는 예상치 못한 내일의 오늘로 갑자기 나타날 수 있습니다. 어제까지 당연했던 당신의 행동과 생각, 사회의 가치와 체계, 한국의 법과 질서, 경제 활동과 사회 활동이라도 이제는 그것이 옳다고 이야기하기 어려운 상황에 놓였습니다.

세상이 변하고 있습니다. 이 이야기는 당신이 알고 있던 모든 세계가 앞으로 거부당하고 버려질 수 있다는 것을 의미합니다. 내일의 당신은 오늘까지는 아무런 일도 아닌 행동 하나로 무수한 비난을 받거나 심지어 국가로부터 처벌받을 수 있습니다. 당신은 늘 해오던 일 때문에 곤혹스러운 일을 당할 수도 있습니다.

"불안은 영혼을 잠식한다."

위기는 다시금 위기를 불러들입니다. 미세하게 금이 간 유리가 여지없이 깨지듯이 말이죠. 가장 우려스러운 것은 다름 아닌 당신의 자유입니다. 중동의 속담처럼 불안은 당신을 서서히 침범합니다. 불안의 시대가 무서운 이유입니다.

불안의 시대에 개인은 무력해집니다. 불안을 연구한 철학자의 진단입니다. 거대한 권력이 불안한 당신을 노릴 것입니다. 한국 사회의 오래된 균형이 깨지면 깨질수록 그 빈틈을 권력이 비집고 들어올 것입니다. 권력은 원래 그런 존재입니다. 위기가 증폭되는 시대, 인간의 자유가 증진되어온 역사가 다시 권력의 편으로 되돌아가려 하고 있습니다. 권력이 개인을 다시 무력화시키는 시대로 접어들고 있습니다.

사회가 위태롭게 흔들리고 있습니다. 위험한 시대가 닥쳐올지 모릅니다. 아니 이미 초위험 사회로 진입했는지 모릅니다. 당신의 원인 모를 불안의 정체인지도 모릅니다.

언제나 그래왔듯이 다가올 위험에 대처해야 합니다. 상황이 좋지 않습니다.

우리 사회는 바이러스가 덮쳐오기 전부터 거대한 변화의 소용돌이치는 통로를 지나고 있었습니다. 급격한 변화의 와중에 코로나-19라는 집채만 한 파도를 맞았습니다.

한국의 정치 영역을 거슬러 가봅시다. 한국 정치는 불안정했습니다. 탄핵의 시간이라는 제로 포인트는 불과 수년 전입니다.

탄핵의 폭풍은 한국 정치의 질서를 순식간에 뒤바꿨습니다. 비유하면 탄핵의 시간은 목표물만 정밀 타격한 고성능의 정치적 폭발물이었습니다. 세상이 민감하게 우려한, 거리에 나선 군대의 모습도 무질서한 시민의 폭력 시위도 없었습니다.

태풍이 소멸하듯 오래된 정치 세력과 함께 조용히 막을 내렸습니다. 누구나 폭풍이 지난 뒤 큰 변화가 다가올 것이라고 느꼈지만 막상 눈앞에 보이는 세상은 아무 일이 없어 보였습니다.

몇 년의 시간이 흘렀습니다. 시간이란 당시에는 적절한 의미를 몰랐던 지나간 사건들을 반추할 기회와 함께 또 다른 지혜를 줍니다. 탄핵의 시간이 남긴 사회적 의미를 지금쯤 다시 정리해볼 시간입니다.

거대한 폭풍을 몰고 온 탄핵의 의미와 여파는 한 명의 대통령 탄핵, 한 정당의 쇠락이라는 단선적인 수준을 뛰어넘습니다. 그 여파는 어디까지 이어졌을까요. 탄핵 이후에 한국 사회가 어디로 흘러가고 있는가를 살펴봐야 합니다.

탄핵의 시간 이후로 70년간 강력하게 유지해온 한국의 구舊정치 세계가 막을 내렸습니다. 사라진 것은 의미가 없습니다. 단지 사라졌을 뿐입니다. 이것이 탄핵의 1차적 함의입니다. 그리하여 오늘의 정치는 포스트 탄핵 시대에 접어들었습니다. 촛불을 든 광장의 시민이 주도적으로 진행한 '탄핵의 시간' 이후 제도권 정치에서는 강력한 정치 집단이 탄생하게 됐습니다.

찰나의 순간처럼 한국을 뒤흔든 이 지점이 가진 의미는 3년이라는 짧지 않은 시간이 지난 지금의 시점에서야 조금씩 뚜렷해지고 있습니다. 현상적으로는 주도 세력을 오랫동안 추격하던 정치 집단이 권좌에 오릅니다. 주도권을 쥔 추격 집단이 완벽하게 주도하는 세계가 시작됩니다.

여러분이 오늘날 보는 뉴노멀 정치입니다. 새롭게 정치의 주도권을 쥔 집단은 분명해졌습니다만, 우리 사회의 질서는 아직 만들어지기 전입니다. 이제야 하나둘씩 윤곽이 잡혀가는 단계입니다.

옛 정치 세계는 막을 내렸지만, 새로 자리 잡게 된 정치의 세계는 수십 년을 이어온 이전의 세계와 비교하면 태초의 원시림입니다. 뉴노멀 정치 집단이 원하는 방향으로 신세계의 룰이 만들어지고 있습니다.

옳고 그름, 좋고 나쁨을 떠나 이전의 세계가 익숙한 시민에겐 새 정치의 세계는 낯설고 경험하지 못한 정치의 땅입니다.

오랜 시간을 돌아서 다시 정치의 시대입니다. 뉴노멀 정치 집단이 정치의 질서를 새롭게 짜는 정치 전환기 시대로 접어들었습니다. 조용한 정치 전환기입니다. 이 변화가 탄핵의 폭풍이 사라진 뒤 3년 넘게 이어지고 있습니다.

은밀하게, 조용하게 스텔스 방식으로 일어나는 정치 변화입니다. 과거의 길은 모두 사라지고 없습니다. 정치 세력 간의 일진일퇴가 만들어내는 정치의 팽팽한 균형은 존재하지 않습니다. 단 하나의 강력한 세력이 생긴 세상, 단수單數 정치의 시대가 오고 있습니다. 탄핵의 시간 이후에 정치 세계의 내면은 또 다른 차원의 세계로 진입했습니다. 거대한 변환이 단지 평화롭고 은밀하게 진행될 뿐입니다.

부득불 이 시대를 살아가야 하는 여러분이 변화의 핵심을 충분히 이해했으면 합니다. 요즘 얼마나 많은 것이 바뀌고 있는지 곰곰이 되짚어보길 바랍니다. 정치 세계의 변화에 국가도, 사회도, 경제도, 거대한 변화의 반경 속으로 쓸려 들어가고 있습니다.

과거의 균형점에서 벗어난 한국 정치가 앞으로의 균형 상태로 진입하기에는 오랜 시간이 걸릴 것입니다. 물론 예전에도 정치 세력의 교체가 있었습니다. 1997년 대선 이후 10년간 정치 세력의 주도권이 뒤바뀐 적은 있습니다만, 그때와 지금은 양상이 다릅니다.

하지만 민주화 이후라는 시점을 기준으로 하나의 정치 집단이 행정부와 입법부와 사법부를 석권하다시피 할 정도의 정치권력의 독주 체제를 이룬 시기는 없었습니다. 견제 세력이 스스로 몸을 가누지 못할 정도로 쇠락한 결과입니다.

포스트 탄핵 시대의 정치 구도는 파괴된 균형 위에 선 매서운 칼날 같은 정치권력을 보여줄 것입니다. 유약한 집권 세력과는 전혀 다른 모습을 보일 겁니다.

여러분도 느끼고 있을 것입니다. 권력의 양상은 어제와는 다르게, 하루가 다르게 변이하고 있습니다.

신종 '리바이어던'이 태어나고 있습니다. 한국 사회의 오래된 질서가 갑자기 바뀌려는 징조를 당신도 지금쯤 느낄 겁니다. 국가로 대변되는 정치와 당신, 국가와 사회, 국가와 경제, 정부와 국가 기관 간에 묵인되어온 수많은 사회 계약은 백지에서 다시 써 내려가게 됩니다.

지금 권좌에 오른 정치 세력은 인고의 세월 끝에 강인해진 데다 환경마저 변했습니다. 지금 한국 정치를 압도하는 이들 세력은 그 어느 때보다 자신에게 유리한 환경을 만났습니다.

탄핵의 시간을 통해 얻게 된 권력의 정당성과 대통령, 국회 등의 제도권 권력 섭렵, 쇠락한 견제 세력, 강력한 지지층과 시민 사회의 지지까지 이들은 권력 번영의 조건을 휩쓸다시피 하고 있습니다. 이들의 번영기이자 막강한 전성기입니다.

아직도 이들이 아마추어라고 보십니까. 오늘날의 현대 정치는 전혀 다른 드라마의 시작입니다. 많은 변화가 있을 수밖에 없습니다. 이제 시작입니다.


## 불안한 당신의 삶

정치의 변화는 당신의 삶과 직결되어 있습니다. 정치 집단의 번영이 곧바로 당신의 행복을 의미하는 것은 아닙니다. 정치는 사회를 움직이고 시민의 삶을 규율하는 힘입니다.

정치가 원하면 당신의 삶도 변합니다. 정치가 변하는 속도에 사회와 당신이 따라가게 됩니다. 정치가 중요한 이유입니다. 당신이 한국 정치가 무엇인지 이해해야 하는 이유이기도 합니다.

정치를 알아야 하는 이유는 여러 가지가 있습니다만 무엇보다 첫째는 '당신을 위해서'입니다. 당신 스스로와 당신 가족을 보호하기 위해서입니다.

변화 속에서 당신이 살기 위해서는 변화의 원인과 방향을 알아야 합니다. 변화에 뒤처진다면 앞으로의 시회에서 당신의 싦은 문자 그대로 쉽지 않을 것입니다.

정치만 변하는 것이 아니기 때문입니다. 정치의 강력한 개입속에 경제도 급변하고 있습니다. 정치가 나서서 부동산을 마구 쑤시더니 이제 정부가 부동산 가격을 끌어올린 것인지, 시장이 부동산 가격을 올린 것인지 선후조차 파악하기 어렵습니다.

부동산 가격을 잡는다고 나서더니 오히려 반대의 상황을 만들어놓았습니다. 당신의 보금자리가 될 수 있었던 부동산은 폭등해버렸습니다. 수많은 대책이 투입됐지만, 오히려 부동산 가격은 더욱 치솟았고, 지금 폭등을 멈춘다고 해도 가격은 이번 정부가 시작하기 전에는 누구도 예상하지 못한 높은 수준입니다. 계속된 정부와 여당의 부동산 대책에 매물이 마르더니, 이제는 전세마저 사라지고 있습니다. 다시 가격 급등의 조짐이 보이는 것이 오늘의 현실입니다.

부동산 폭등이라는 악순환의 뫼비우스 띠 표면을 한국 사회가 달리고 있습니다. 이러한 최악의 현상을 불러일으키는 정치를 당신은 납득하는지 묻고 싶습니다. 그뿐이 아닙니다. 서민층의 소득을 올린다고 약속했는데, 오늘도 동네 식당은 버티지 못하고 문을 닫습니다.

무엇보다 일자리를 늘리겠다고 했으나, 질 좋은 청년 일자리가 늘었다는 소식은 감감무소식입니다. 여러 경제연구소의 보고서, 신문 지상에도 경제가 이대로는 위태롭다는 이야기가 계속 나옵니다.

그럼에도 경제 분야에 강력히 개입하려는 뉴노멀 정치 세력의 입장은 단호합니다. 이런 상황에서도 경제 체계를 다른 방식으로 계속 재편하고야 말겠다고 선포한 상태입니다. 언젠가 좋은 세상이 오게 하는 해법이 있다고 말합니다. 수십 년을 이어온 경제 세계의 질서와는 다른 균형점을 제시하고는 거세게 밀어붙입니다. 시민은 그저 적응해야 합니다. 시민에게 불편을 주는 정치가 올바른 정치인지 아무도 묻지 않습니다.

뉴노멀 정치가 제시하는 이상과 목표와 달리 많은 부작용이 일어나고 있습니다. 언제까지 기다려야 정부의 약속처럼 부동산 가격이 적어도 과거 수준으로 착해지고, 일자리가 다시 늘어나고, 닫힌 가게의 문들이 열리게 될지 모릅니다.

현실은 나빠지는데, 뉴노멀 정치 탓에 적지 않은 대가가 따르고 있습니다. 정부의 재난지원금 뒤에 따라오는 건 세금입니다. 당신의 월급에서 정부가 가져가는 세금만 꾸준히 늘고 있는지 확인해야 합니다. 세금은 늘어도 경제가 나빠지면서 국가의 빚은 급격히 늘고, 또 늘고 있습니다.

시민의 소득을 올려 경제를 성장시키겠다는 정부의 계획은 흔들리고 있습니다. 모든 것이 내리막길로 접어드는 경제 상황입니다. 당신에게 정부가 속삭인 내일의 혜택이 먼 미래에도 가능할지 따져봐야 합니다.

뉴노멀 정치가 과연 우리의 삶을 풍요롭게 할 수 있을까요. 뉴노멀 정치가 추구하는 경제 균형점이 현실에서 어떤 모습인지 지난 3년간 충분히 보았습니다. 정치가 당신에게 한 풍요의 약속이 과연 지켜질지 의문입니다. 내일은 어제와 오늘의 결과입니다. 어제와 오늘 실패한 정책이 내일 성공할 수 있을까요.

이제 당신 스스로 대처해야 합니다. 경제의 주도권, 사회의 주도권을 정치 집단이 쥐고 있습니다. 그래서 정치 공부가 필수적입니다. 한국의 정치권력은 오늘도 더 강해지고 있습니다. 정치권력이 강해지면 당신의 삶에 어떤 영향을 미칠지 한 번쯤 생각해봐야 합니다.

한국 사회 어디를 봐도 상황은 좋지 않습니다. 당신을 지킬 작은 모닥불마저 없습니다. 시민은 국가 권력으로부터 자신을 보호하기 위해 시민 사회를 지원하고 응원해왔습니다. 시민 사회 세력은 사회의 모닥불이 되어 시민의 자유를 보호하는 역할을 해왔습니다.

이렇게 커온 시민 사회가 정치권력으로 흡수되었습니다. 최근 시민 사회는 권좌에 오른 살아 있는 정치권력 앞에서 침묵으로 일관합니다. 정말 불행한 일입니다.

국가와 제도권 정치는 다수를 위해 소수가 희생될 수 있다는 힘의 논리가 작동하는 폭력의 공간입니다. 국가와 정치에 의해 소수가 희생될 수도 있습니다. 이를 막을 강력한 균형이 필요합니다. 사회의 어떤 세력이 국가 체제인 리바이어던으로부터 당신과 당신의 삶을 지켜줄지 모를 상황입니다. 정부와 제도권 정치에 맞서 시민의 편에 서 있던 모든 영역이 뉴노멀 시대에는 강력한 정치에 굴복해 있습니다.

**파괴된 균형의 시대입니다.**

당신을 지키는 일이 난망한 일이 되고 있습니다. 국가를 차지한 신종 리바이어던이 선택한 거대 담론이 당신의 삶과 자유, 재산보다 우선할 수 있습니다. 정치는 시민보다는 거대 정치 담론이 중요한 시대로 되돌아가려는 퇴행 현상을 보이고 있습니다. 그러나 어떤 정당성을 지닌 정치 담론이라도 당신보다 우선할 수는 없을 것입니다.

○ **다른 무엇보다 당신이 중요해야 합니다.** 이를 거스르는 거대 담론에 빠진 정치의 퇴행을 막아야 합니다.

○ **당신을 지켜야 합니다.** 정치는 거대 담론이나 특정 정치 집단을 위해 존재하는 것이 아니라, 근원적으로 시민의 안전·자유·번영에서 출발해야 합니다. 정치로 인해 불안해하는 시민이 없어야 합니다.

○ **당신을 지키기 위해 정치를 공부해야 합니다.** 한국 정치가 과연 앞으로 나아가고 있는지 점검해볼 필요가 있습니다.

# 여섯 수업

당신을 위해 프롤로그를 거쳐 에필로그까지 4개의 강의를 포함해 모두 6개의 수업을 준비했습니다. 지금 읽는 '프롤로그'를 시작으로 균형·경제·역사·권력을 거쳐 마지막은 생각입니다. 이들 모두 정치라는 거대한 힘 속에서 실타래 같은 중요한 조각들입니다. 정치를 이해하기 위한 아주 기본적인 조각입니다.

**프롤로그.** 당신을 위한 정치 인문학, 정치적 소양이 필요한 이유를 자세히 설명해드립니다. 주제는 불안입니다.

본격적인 강의입니다.

**1부 균형**입니다. 이 책은 낡은 정치 비법서가 아니라 현실에 도움을 주는 실전 지침서입니다. 첫 강의는 한국의 현대 정치에서 시작됩니다. 정치에는 무엇보다 질서가 중요합니다. 정치는 힘과 힘들이 만나서 이뤄진 균형의 세계입니다. 균형이 왜 중요한지 공부해봅니다.

**2부 경제**입니다. 당신이 살아가는 데 경제만큼 중요한 것은 없습니다. 그런데 부동산은 폭등하고, 일자리는 휘청거리고, 자영업도 힘듭니다. 정치는 풍요를 약속했는데 현실은 다릅니다. 경제를 꼭두각시처럼 조종하겠다고 나선 오늘의 정치를 살펴봅니다. 달콤한 풍요의 약속이 과연 이뤄질까요?

**3부 역사**입니다. 오래지 않은 과거를 보기 쉽게 정리했습니다.

현대 정치라는 상상 속의 혈통을 찾아가 봅니다. 여러분은 3부에서 오늘날 정치의 원형을 만날 수 있습니다. 현대 정치의 주요 분기점들을 정리하고 공부해봅니다.

**4부 권력**입니다. 정치가 현실에서 나타나는 모습이 권력입니다. 정치가 어떤 모습으로 여러분에게 다가서는지 공부합니다. 빨간 망토를 쓴 늑대 같은 정치의 기민한 전략을 간단히 다뤄봅니다. 여러분이 정치 공부를 하는 이유는 현실의 이면을 잘 이해하기 위해서니까요.

**에필로그**입니다. 현실은 인간이 지배하는 것이 아닙니다. 오직 생각이 과거·현실·미래를 지배합니다. 가장 강력한 힘입니다. 당신과 저에게 어떤 생각이 필요할까요. 이 책을 읽는 당신을 위한 정치, 이를 위한 한국 정치에 대한 고민을 담았습니다. 이렇게 프롤로그부터 에필로그까지, 정치 공부를 위한 6가지 내용을 담은 수업을 준비했습니다.


까다롭고 어려운 과제가 앞에 놓여 있습니다. 코로나-19를 슬기롭게 극복하는 동시에 균형을 잃은 국가와 사회를 반석 위로 올려놓아야 하는 시대적인 과제가 앞에 있습니다. 이와 함께 무질서한 사회를 파고드는 맹수화한 정치도 견제해야 합니다.

어려운 숙제를 동시에 해결해야 합니다. 어느 것 하나 쉽지 않습니다. 과거로부터 탈출하는 작업보다 시대를 위한 틀과 기둥을 세우고 가다듬는 일은 분명 더 까다롭고 어려운 과정입니다.

균형을 가다듬고 권력을 견제해야 하는 시대가 어려운 것은 바로 이 때문입니다.

무너진 균형 속에서도 평화와 번영의 사회 질서를 만들어야 하는 무거운 짐을 지고 있습니다. 피할 수 없는 시민의 운명입니다. 모쪼록 당신을 위한 정치를 꼭 찾길 바랍니다.

**"권력은 어떻게 무너지는가?"**
**이제 여러분에게 한 번쯤 정치 공부를 권해드립니다.**

2021년을 맞이하며
육덕수

# 차례

## 1부 균형

# 2부 경제

# 3부 역사

# 4부 권력

# 1부

# 균형

정치의 오랜 동학을 살펴봅니다.
정치는 힘과 힘들이 만나서 이뤄진
균형의 세계입니다.
균형이 왜 중요한지 공부해봅니다.

# 파괴된 균형

## 홀로 된 강자

무너진 균형이 초래한 변화가
한국 사회를 뒤덮고 있습니다.
당신의 삶이 불안한 것은
사회가 크게 변하고 있기 때문입니다.

# 폭풍이 지나간 뒤

사건번호 2016헌나1

"피청구인을 파면함으로써 얻는 헌법 수호의 이익이 압도적으로 크다고 할 것입니다. 이에 재판관 전원의 일치된 의견으로 주문을 선고합니다."

"주문 피청구인 대통령 박근혜를 파면한다."

2017년 3월 10일 오전 11시 21분

'탄핵의 시간'이 끝나자 봄이 찾아왔다. 모든 것이 제자리로 돌아간 것처럼 보였다. 탄핵 인용 소식이 알려지던 그날, 거리에 있던 어떤 이는 환호의 함성을 질렀고, 누구는 울분을 터뜨렸다. 그것이 무엇이었든지 봄 햇살에 쫓겨가는 해묵은 겨울 추위처럼 순식간에 사라졌다. 계절의 변화처럼 당연한 섭리 같았다. 나라를 뒤흔든 겨울 폭풍은 그렇게 지나갔다.

예상보다 빠르게 서울은 일상으로 돌아가고 있었다. 지난 겨우내 광화문 교차로를 가득 메운 수십만 시민의 인파도 사라지고, 밤하늘이 오면 일렁이던 촛불 행렬도 어느덧 자취를 감췄다. 탄핵이 선고된 순간부터 전직 대통령이 된 대통령은 조용히 청와대의 관저를 떠나 사저로 돌아갔다.

불과 몇 달 전만 해도 정부 여당이던 정당은 "공식 입장이 없다"라며 논평마저 내지 않은 채 굳게 입을 다물었다. 침묵의 대응이었다. 경찰이 만일의 사태에 대비했으나, 우려할 만한 대규모 소요나 대형 시위는 없었다. 방송국과 신문사의 취재 차량만이 북적일 뿐이었다.

사회를 초유의 폭풍 속으로 끌고 간 대통령 탄핵이라는 대형 사건의 종결점이라고 보기에는 이상할 만큼 조용하고 차분했다. TV와 신문을 제외하고는 말이다.

검찰청을 오간 전직 대통령은 얼마 지나지 않아 구속됐다. 마치 예정된 순서처럼 보였다. 모든 사건이 컨베이어 벨트 위의 조립품처럼 기계적인 리듬 속에서 진행됐다. 유폐된 권력을 대하는 방식은 세계 어디나 비슷했다. 미국 국무부도 별다른 논평을 내지 않았다. 침묵의 대응이 최선이었다.

그렇게 탄핵의 여정은 막을 내렸다. 적어도 그렇게 막을 내린 것처럼 보였다. 서울광장 인근의 풍경처럼 자리 잡은 경찰 버스도 사라졌다. 엄청난 사건이 일어났지만, 시민의 일상은 아무것도 바뀐 것은 없어 보였다. 지하철은 자정 넘어서도 운행됐고, 서울의 택시는 여전히 지그재그 차선을 헤집으며 다녔다.

한국의 민주주의는 한 단계 더 발전하는 듯했다. 대한민국 최고 권력이 해체되는 순간에도 격렬한 잡음이 없었다. 한 외신은 이를 두고 "방해와 어려움을 딛고 한국은 민주주의 체계의 가장 힘든 과업 가운데 하나를 수행했다"라고 평가했다. 역사상 첫 탄핵이었지만 한국 사회는 질서정연했다. 구속된 전직 대통령과 정부 요인들에 대한 검찰 수사 소식은 상세하게 전해졌다. 탄핵의 시발점이라 불리는 이들의 뒷이야기가 언론에서 다뤄졌지만 이런 관심도 곧 사라졌다.

코앞으로 다가온 '장미 대선'이라 불린 대통령 선거로 모든 시선이 집중됐다. 한국의 대통령 선거는 1987년 직선제 개헌 이후 혹한의 겨울, 한 해의 마지막인 12월에 이뤄졌었다. 그러나 탄핵 여파로 장미가 피는 5월에 선거가 치러졌다. 대통령 선거 역시 어떠한 우려할 만한 일이나 민주주의에 대한 위협 없이 잘 마무리됐다.

탄핵 이후 첫 대통령 선거일도 평화스럽고 조용한 하루였다. 질서 정연한 시민과 순조로운 개표…. 평화로움의 연속이었다. 자정 무렵 당선이 확정되었다.

대통령 당선인의 득표율은 전체 투표자의 41%로 많지도 적지도 않은 적당한 숫자였다. 이 선거에서 더불어민주당 문재인 대선 후보는 1,342만여 표를 얻어 41.1%의 득표율로 신임 대통령에 당선됐다. 자유한국당 홍준표 후보는 24%, 국민의당 안철수 후보 21.4%, 바른정당 유승민 후보 6.8%, 정의당 심상정 후보 6.2%를 각각 득표했다.

선거 결과는 예측대로 일방적이었다. 심대한 타격을 받은 구(舊)여당은 재기를 꿈꾸며 안간힘을 썼지만, 역부족이란 현실을 인정해야 했다. 역대 최대 표차 패배라는 대선 역사상 가장 초라한 성적을 남겼다. 이 정당은 건국 이래 여러 대통령을 배출한 오랜 역사를 가진 정당이었지만 화려한 부활은 없었다. 쇠락 혹은 소멸의 운명 앞에 서게 되었다.

선거함의 봉인을 뜯으니 새삼 보이는 것이 있었다. 탄핵의 시간은 많은 것을 바꾸고 있었다. 당시에는 미처 깨닫지 못하고 지나간 것이었다. 새 정치 열풍을 불러일으켰던 참신한 인물도 탄핵 이후 대선에서는 인기가 예전만 못했다. 그의 이름을 따서 ○○○ 현상, 새 정치 열풍으로도 불린 놀라운 개인기는 탄핵 국면에서 어딘가에 봉인된 것처럼 보였다.

탈당을 불사하며 탄핵안에 힘을 쏟았던 구舊여권 출신의 신당 후보는 6%가 조금 넘는 득표율에 그쳤기에 비슷한 득표율을 기록한 진보정당 후보의 존재감이 더욱 두드러졌다. 정치에도 과거의 흔적은 사라지고 있었다. 다른 세계를 굳힐 시뻘건 주물이 선거라는 용광로에서 막 흘러나오고 있었다.

투표함이 열리자마자, 새 정부가 출범했다. 새롭게 대통령이 된 관록의 정치인은 다음날 국회의사당 중앙홀에서 취임사를 했다. 탄핵 직후라는 시국 속에 그는 곧바로 대통령으로의 임기를 시작했다. 대통령직 인수위원회는 생략됐다. 보기에 따라서는 다소 서두르는 기색이 완연한 행보였지만 법적으로나 절차적으로나 문제가 없었다. 누구도 잠시 숨을 고르라고 조언하거나 이를 문제 삼지 않았다. 대통령을 탄핵한 막강한 시민이 포진하고 있는데 '대체 무엇이 그렇게 조급한 상황인가'라고 물어볼 수도 있었지만 그렇게 묻는 이는 없었다. 새 대통령은 그렇게 첫걸음을 내디뎠다. 2017년 5월의 일이다.

저는 오늘 대한민국 19대 대통령으로서 새로운 대한민국을 향해 첫 걸음을 내딛습니다. 지금 제 두 어깨는 국민 여러분으로부터 부여받은 막중한 소명감으로 무겁고, 제 가슴은 한 번도 경험하지 못한 나라를 만들겠다는 열정으로 뜨겁습니다.

대통령 취임사, 2017년 5월

그는 "정치는 혼란스러웠지만, 국민은 위대했다"라며 자신을 대통령으로 만들어준 국민에게 머리를 숙였다. 큰 박수를 받았다. 이어 "국민 모두의 대통령이 되겠다"며 "저를 지지하지 않은 국민 한 분 한 분도 저의 국민이고, 우리의 국민으로 섬기겠다"라고 덧붙이기도 했다. 대통령의 취임사에는 큰 충격에서 막 벗어난 시민에게 필요한 언어들이 담겨 있었다.

"안도와 평온", 탄핵의 시간 이후 사회가 차분하고 조용했던 것은 바로 상처와 분열을 넘어 통합과 공존이 필요한 시간이라고 모두 생각했기 때문일 것이다. 실제로도 정쟁으로 인한 아픔을 치유하고, 실망한 마음을 다독일 정치적 시간과 공간이 한국 사회에 필요했다.

그렇게 거대한 폭풍이 지나갔다.

## 무너진 오래된 균형

모든 것을 쉽게 생각했는지 모른다. 또 다른 세계의 시작은 모든 것을 더욱 번영하게 할 것이라고 믿었던 것이 분명하다. 한국의 민주주의, 시민의 권위는 역사상 어떤 때보다 높아질 것이라는 희망의 시간이 시작됐다.

시민이 주인이 되고, 권력이 하인이 되는 진정한 민주주의 시대에 대한 청사진과 기대에 부푼 찬가가 이곳저곳에서 나돌았다. 절대 권력이던 대통령 권력은 낮아지고, 이에 비례해 국민의 대항 권력이나 거부권은 더욱 높아지리라는 전망이 나왔다. 시민 권위에 대한 정치권력의 존경심은 대한민국 역사, 그 어느 때보다 고양된 분위기였다.

그리고 3년이 지났다. 예기치 못한 여러 사건이 이어지고 있다. 많은 이가 의구심을 품고 있다. 폭풍의 시간 이후에 '한국 시민이 가졌던 희망의 햇살이 다시 사라지는 것 아닌가'라는 강한 의문과 우려. 시민이 주인인 세상을 살아가고 있는 것인가.

대통령님께 묻고 싶습니다. […] 아빠는 왜 거기까지 갔으며 국가는 그 시간에 아빠의 생명을 구하기 위해 어떤 노력을 했는지 왜 아빠를 구하지 못하셨는지 묻고 싶습니다. 이 시대를 살아가야 하는 저와 제 동생을 몰락시키는 현 상황을 바로잡아주십시오.

자신을 "북한군에게 억울하게 피격당한 공무원의 아들"이라고 소개한 고등학생이 대통령에게 쓴 편지 내용이다. 이런 일이 오늘날 한국에서 일어나고 있다. 시민이 목숨을 잃는 일이 일어났지만, 해당 사건에 대한 명확한 해결은 이뤄지지 않고 있다. 시민은 누가 지킬 것인가. 거대한 정치 앞에서 시민의 생명권이 후순위로 밀려버렸다. 누가 이 고등학생의 등을 어루만져줄 것인가.

거리에서도 다시 대한민국의 헌법 제1조가 흔들리는 장면을 목도하고 있다. 민주주의의 상징, 광화문 광장에 다시 장벽이 세워졌다. 시민을 막기 위해서다. 권력이 시민을 자신의 영역 밖으로 밀어내기 시작한 것이다.

> 문재인 정권은 개천절이었던 어제 서울 시내 90곳에 검문소를 설치하고 180여 개 부대, 1만 명의 경찰력을 동원했을 뿐만 아니라 경찰 버스 300대로 광화문에 산성을 쌓아서 시민들의 집회를 원천 봉쇄했습니다. 이뿐만 아니라, 광장에 고정 펜스까지 설치했습니다. 어제 광화문 광장에 경찰 버스로 겹겹이 쌓은 재인산성이 국민을 슬프게 했습니다.
>
> 국민의힘 원내대표, 2020년 10월

이 땅의 주인은 시민인데, 주인인 시민이 있고, 주인 자격이 없는 시민이 있는가. 권력은 자신의 입맛에 따라 주인을 차별한다. "권력이 주인인가, 시민이 주인인가." 이번 정부에도 어김없이 불통의 상징인 '권력의 산성'은 재현됐다.

현상은 스스로를 그대로 드러낸다. 서울 광화문에서 시민의 집회를 막기 위해서 인도에 철제 펜스로 만들어진 미로식 통행

로가 등장했다. 언론에서는 1980년대 군사정부 시절에도 못 보던 장면이라는 평가가 나왔다. 정치권력은 미로에 빠졌다. 미로라는 빠져나오기 어려운 복잡한 길 속에 권력이 자신의 주인인 시민을 가두기 시작했다. 그리스 신화에서 왕자인 테세우스가 소의 머리 형상을 한 괴물 미노타우로스를 찾으러 가는 곳이 미로다. 권력의 밑바닥에는 원래부터 괴물이 존재해왔는지 모른다.

당황스럽기는 이를 지켜보는 시민도 마찬가지다. 이명박 정부와 박근혜 정부 때 보던 거대한 경찰 병력과 바리케이드, 민주주의와 제왕적 대통령 간의 대립과 단절, 불통의 상징이 다시 서울 한복판에 나타나자 당혹함을 감추지 못하고 있다. 탄핵의 시간 이후로 역사 뒤안길로 사라질 것이라 여긴 과거의 유물이 다시 현실에 나타나고 있다.

장벽의 기능은 분리와 배제와 차단이다. 이는 시민 주권을 배제하려는 정치의 오만이며, 고립된 권력을 보여준다. '명박산성'과 '재인산성' 간에는 정부의 설명처럼 방역 제어라는 기능의 차이가 있을지는 몰라도 본질적인 차이는 없다. 코로나-19 방역을 위해서 어느 지역에 군부대가 투입되어 예상치 못한 유혈 사태로 시민의 희생이 생기거나, 범죄자를 수감한다는 명목으로 만들었던 과거 정부의 교육대처럼 질병을 막는다는 명목으로 인권을 제한하는 방역대가 생긴다면 그것 역시 옹호될 수 있을 것인가. 시대의 역행은 용납될 수 없다. 민주 사회에서 사회의 발전은 개인의 자유 확대와 경제의 번영으로 수렴된다.

한국 사회가 과연 과거의 어느 시점에 비해 발전하고 있는가. 당신이 고민해야 하는 중대한 문제다. 수년 만에 이 사회의 자유가 후퇴하고, 시민권이 우선해야 하는 민주주의의 시계가 여러 면에서 급속도로 퇴행하고 있다. 게다가 이에 대한 사회의 반응과 감각은 무뎌지고 있다.

어느 순간 무언가로부터 한 발짝도 앞으로 나가지 못하고 있다. 어떤 면에서는 우리가 빠져나오려 애쓴 과거로 되돌아가고 있는지 모른다. 그 역주행의 속도가 가속이 붙은 것처럼 보이는 것도 오늘의 현실이다.

거대한 산성을 설치해 국민의 목소리를 막는 2020년, 한국 사회가 다시 이런 모습이 될 것이라고는 촛불을 흔쾌히 정치 집단에 맡기고 집으로 돌아간 시민은 전혀 생각하지 못했을 것이다.

불과 수년 전인 2015년 당시, 야당 대표였던 지금의 대통령은 경찰 차벽이 막아선 광화문 광장을 두고 "박근혜 정권이 먹고살기 힘들다고 절규하는 국민의 목소리를 차벽으로 막았다"라고 개탄했다. 당시 같은 당 원내대표도 "명박산성 같은 근혜산성을 설치해서 국민과의 소통을 거부한 일종의 거부 선언"이라고 질타했다. 오늘날 나타난 '재인산성'은 '명박근혜산성'과는 다른 차벽인가, 같은 성격의 차벽인가.

어디부터 잘못된 것인가. 한국 정치에 또다시 문제가 생긴 것은 아닌가. 시간을 되돌려서 오늘의 정치가 시작된 첫 장면으로 가보자. 그곳에 놓친 실마리가 있을 것이다.

❖

　다시 폭풍의 시간 속이다. 2016년 12월, 한국의 입법부가 위치한 서울 여의도의 국회의사당이다. 대통령 탄핵안이 발의되었고, 대통령이 하야인가, 탄핵안의 통과인가, 탄핵안의 부결인가를 두고 팽팽한 정치적 긴장감이 여의도 공기의 밀도를 한껏 올리고 있었다.

　붕괴의 조짐은 완연했다. 탄핵의 시간에 접어들면서 한국 정치의 구도는 이미 붕괴 징후를 보였다. 구정치의 세계는 이미 한계에 도달한 것으로 보였다. 탄핵의 시간 당시 여론조사 기관의 조사에 따르면, 당시 야당인 더불어민주당은 지지율 35%로 역대 최고치에 근접했다. 반면 여당인 새누리당은 지지율이 13%에 불과했다. 이는 최저 수준이었다.

　탄핵의 시간은 한국 정치의 결정적 순간, 정치적 크리티컬 포인트라 할 수 있다. 탄핵 이후 한국의 정치 구조는 급변하기 시작했다. 되돌아보는 이 시기, 2016년 12월은 대통령 탄핵을 위한 움직임이 가시화되고 있었다. 야당의 인원만으로 국회에서 대통령 탄핵안을 통과하는 것은 물리적으로 쉽지 않은 일이었다. 하지만 일어날 일은 어떻게든 일어나게 된다.

　30명에 달하는 구여권 비주류 의원이 앞장서 움직였다. 여당을 탈당해 신당을 만든 이들은 대통령 탄핵안 통과를 두고 탄핵안을 통과시키려는 야당과 협상에 나섰다. 탄핵 열차를 막아 세우려는 정부와 구여권의 바리케이드는 크게 흔들리기 시작한다.

탄핵 열차가 국회를 떠나 헌법재판소로의 출발이 예정되는 순간이었다. 당시 탈당파 신당의 한 정치인은 "(탄핵 의결을 요구하는) 민심을 수용하지 않을 수 없었다"면서, "시간을 끌면 선명성이 약해지고, 우리가 친박계와 함께 탄핵을 막는 집단으로 낙인찍힐 수밖에 없는 정치적 상황을 고려했다"라고 밝혔다.

이렇게 구정치 세계를 간신히 버티게 한 국회의 마지막 저항선은 무너졌다. 언제나 생명은 내부의 일격으로 인해 몰락한다. 거칠게 숨을 몰아쉬는 70년 세월의 구정치 세계 심장을 향해 결정적인 방아쇠를 당긴 이들은 어찌 보면, 탈당을 감행하며 황급히 '탄핵 찬성'으로 돌아선 정치인들이다.

하지만 역사적으로 보면 이들이 구여당의 누군가보다 한 발 앞서 탄핵에 찬성 의사를 표명했다는 사실은 크게 중요하지 않다. 탄핵은 일어날 수밖에 없었을 것이다.

차근히 그 당시를 복기해보면, 이미 당시 여당 내에서도 대통령 탄핵을 찬성하는 숨은 마음이 다수였다. 국회 탄핵안 투표 결과를 보면, 당시 여당 소속 국회의원 상당수가 대거 탄핵 찬성 측으로 향하고 있었다는 것을 알 수 있다. 투표에서 여당 의원 128명 가운데 62명이 탄핵 찬성표를 던졌다. 2016년 12월 9일의 일이다.

*투표 결과를 말씀드리겠습니다. 총투표수 299표 중 가 234표, 부*

56표, 기권 2표, 무효 7표로써 대통령 박근혜 탄핵소추안은 가결되었음을 선포합니다.

국회의장, 2016년 12월

국회 탄핵안은 통과됐고, 주사위는 던져졌다. 표면적 의미인 대통령 탄핵안 통과로도 충분히 중대한 사건이지만 이 사건이 한국 정치사에서 중요한 또 다른 이유가 있다.

한국 정치의 한 축을 이룬 집단이 본격적으로 소멸하기 시작한 출발이라는 점에서다. 이후의 전개 상황은 한마디로 구정치 세계의 몰락, 균형의 파괴로 요약된다. 현대 한국 정치를 받치는 거대한 축이 탄핵안 통과로 순식간에 무너졌다.

탄핵의 의미를 한국의 정치 구조로 재평가하면 이렇게 볼 수 있다. 한국 정치는 두 세력, 2개의 정치 집단이 제한된 영역에서 권력이란 자원을 중심에 두고 서로 견제하며 팽팽한 대결을 하고 있었는데, 한 세력이 소멸 수준으로 쇠락해버린 급작스러운 상황이 됐다.

이를 조금 더 자세히 설명하면, 한국 정치는 개념적으로 여러 개의 층으로 이뤄진 유연한 계층 구조로 되어 있다. 이 층들은 오랜 시간에 걸쳐 만들어지기도 하고, 세력 변화에 따라 다른 형태로 탈바꿈하기도 한다. 대통령이 있는 청와대 층이 있고, 국회의원이 있는 입법부의 층이 있다. 그 안에는 그 층을 지탱하는 작은 층들, 즉 여당, 야당, 원외 정당 등이 있다.

각자 물리적 공간을 가지고 있는 이 층들은 서로와 다른 층과 긴밀하게 연결되어서 한국 정치라는 큰 구조물을 만들고 있다. 복잡한 건물 같은 정치 구조가 탄핵안 통과로 붕괴의 카운트다운에 들어간 격이었다.

대부분 탄핵이 대통령과 청와대만 겨눴고, 단순히 이들 권력 기관만을 바꿔놓았다고 생각한다. 그도 그럴 것이 탄핵으로 온 나라가 시끄러웠지만, 그 탄핵의 날카로운 끝의 대상은 대부분 대통령과 지근거리의 권력자들이었다. 그래서 시민은 이들에게만 탄핵의 충격파가 국한되었다고 생각했다. 하지만 그러한 생각은 모든 것이 유기적으로 연결된 사회를 제한적으로 보는 좁은 견해였다.

탄핵의 여파는 예상보다 컸다. 탄핵의 충격파가 미친 범위는 뒤늦게야 명확하게 확인되고 있다. 파장이 미친 거리는 예상보다 아주 멀고, 파편은 매우 날카로웠다. 유리컵이 바닥에 떨어져 깨지면, 예리한 파편이 우리가 생각지도 못한 곳으로 날아가는 경우처럼 말이다.

탄핵의 시간은 무엇보다 한국 정치의 여러 층위에 영향을 미쳤다. 한국의 정당도, 탄핵 정국의 책임을 피할 수 없었던 당시 여당이 받은 충격도 상상 그 이상이었다. 그러면 탄핵을 주도한 야당은 어땠을까. 한 걸음 더 나아가 한국 정치 체계는 어떤 영향을 받았을까. 우리가 생각하는 것보다 많은 것이 뒤흔들렸다. 탄핵의 충격은 한국의 정치 구조 전반을 뒤흔들었다. 이는 누구

**탄핵 전후의 한국 정치 구조 변화(입법부)**

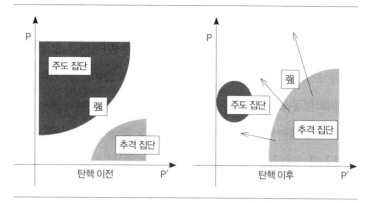

에게는 독이었고, 누군가에겐 가뭄의 단비였다.

오래된 균형은 무너졌다. 오래된 균형이 좋은 것이든 나쁜 것이든 중요하지 않다. 한국 정치의 오랜 누적이 만들어낸 현실적 절충점이었지만 이제는 현실에서는 찾아볼 수 없는 역사의 한 페이지일 뿐이다.

탄핵이 가결된 후에는 정치 세력 간의 그 격차가 더 커졌다. 2017년 3월 한국갤럽이 조사한 정당 지지도를 보면, 더불어민주당은 46%, 국민의당, 자유한국당은 각각 12%를 보일 정도였다. 더불어민주당은 민주 계열로는 역대 최대 지지율을 갱신하고 있었고, 새누리당에서 자유한국당으로 이름을 바꾼 전 여당은 최악의 지지율을 이어가는 중이었다.

구여권에서 분화된 두 정당의 지지율을 모두 합해도 16% 수준이다. 한국 정치에서 주도권을 쥔 견고한 정치 세력이 탄핵 찬반과 무관하게 엄청난 타격을 입은 것이다. 탄핵 전만 해도 연이어 2명의 대통령을 배출한 강력한 정당이었다. 이 정당의 소멸에 가까운 쇠락은 한국 정치의 함수를 완전히 새롭게 짜도록 했다.

긴 시간, 주도적 지위를 누린 정치 집단은 급속한 내리막을 걷는다. 오랜 세월 추격 집단의 지위를 점해온 당시 야권은 드디어 확고한 주도권을 쥐게 된다.

과거의 세계는 사라졌다. 사라진 것은 사라진 것이다. 이제 내일의 세계가 어떤 모습으로 다가올지가 더욱 중요하다. 과거와 미래 사이에는 거대한 공백이 있다. 건물이 무너진 그 자리에 건물을 다시 세우려면 시간과 노력이 필요하다.

무너진 폐허 위에 홀로 된 강자가 나타났다. 한국 정치를 지배하던 힘의 작동 방식이 바뀌게 된다. 폐허 위에서는 무엇이 만들어지든지 그것은 과거의 것과는 다른 종류여야 할 가능성이 커졌다. 홀로 된 강자는 강력한 사회 변혁가를 자처해왔기 때문이다.

# 02

# 권좌의 그들
## 뉴노멀 정치

권좌에 올라선 그들은 누구인가.
바야흐로 옛 시대는 막을 내렸습니다.
한국 정치의 권좌에 올라
뉴노멀 정치 세력이 된 그들을 심층적으로 살펴봅니다.

## 추격자, 선두에 서다

바야흐로 뉴노멀 정치가 시작됐다. 맞상대가 사라진 어제의 야권, 한국의 전통적인 '추격자 정치 집단' 혹은 '추격 집단'은 급성장했다. 막 풀려난 맹수처럼 기세 좋게 자신이 점령한 정치 영역을 헤집고 다녔다.

시민도, 시민 사회도 그 과정을 당연하게 생각하며 지켜봤다. 아무도 그러한 변화를 심각하게 인식하지 않았다. 그것이 옳다고 여기는 듯 보였다. 탄핵의 과정을 보면, 추격 집단이 탄핵의 정치·사회적 전리품을 챙길 당위성은 별로 없었지만, 양대 구조였던 한국의 정치 구조가 상황을 그렇게 흘러가도록 했다.

권좌에 올라선 추격 집단도 사실은 과거 정치 세계의 한 구성원이었다. 그들의 정치 활동과 기여로 만들어진 것이 구정치 세계였다. 과거 세계에서 이들이 완벽하게 책임이 없을 것인가. 그렇지는 않지만, 그들은 반사 이익을 확실하게 누렸다. 탄핵 과정과 이후에 그들이 세력이 가장 크다는 이유만으로 흩어진 권력을 한 상자에 쓸어 담는 것처럼 보였다.

위기는 무릇 기댈 법한 집단을 찾게끔 하는 법이다. 한국의 정치 구조에서 시민은 누구를 자신의 대리인으로 선택하겠는가. 시민의 힘이 만들어낸 시대의 문 앞에서 시민은 자신의 대리인으로 익숙한 정치 집단을 선택했다.

추격 집단 입장에서는 무주공산이라는 말이 적합한 비유였다. 새 시대에 걸맞은 정치 세력이었는지에 대한 쟁점은 적어도 깊숙이 논의되지 않았다. 시민은 이들 역시 수십 년 정치 구조에서 여러 한계점을 노정한 지 오래되고 오래된 세력이라는 점을 한순간 잊은 듯했다. 이미 시민은 촛불을 내려놓고, 거리에서 자신의 집으로 돌아간 상황이었다. 그들에게 모든 것을 맡겨둔 채로 말이다.

추격자가 전면에 나서게 됐다. 한국 정치는 건국 이후에야 근대적 민주주의 선거 정치가 시작됐다. 이전은 세습 왕조 시대거나 일제강점기 시대였다. 민주 정치의 역사가 100년도 되지 않은 셈이다. 한국 정치는 그때부터 건국 세력인 주도 집단(세력)과 이를 뒤쫓는 추격 집단으로 정치 공간이 만들어지고 그 후 오랜 기간 다듬어져서 한국 정치의 세계가 지속돼왔다.

주도적 정치 집단은 대통령으로 대표되는 행정부 권력과 다수의 의석으로 확보한 의회 권력을 유지해왔고, 이에 대당對黨하면서 의회와 시민 사회에서 정치적 세력을 키워온 추격 집단이 한국 정치의 세계를 만들어왔다.

추격 집단은 새롭게 등장한 정치 세력이 아니다. 한국 정치 영역에 존재해온 익숙한 존재들이다. 주도 집단 못지않게 이들도 강력한 정치 세력이다. 야당으로의 정체성이 더 익숙한 정치 세계의 익숙한 구성물이었다. 이들은 오랜 기간 정치적으로는 주도권을 장악하지 못한 정치 집단이었다. 하지만 추격 집단은 엄연히 한국 정치계의 양대 세력이며 근성 좋고 맷집이 좋은 강력한 정치 집단이다. 이들이 한국 사회와 정치에서 약자가 아닌 지 오래됐다.

2000년대에 들어서면서 추격 집단의 변화는 뚜렷해지기 시작했다. 추격자 지위에 있던 정치 집단은 급성장했다. 주도 집단이 그에 걸맞은 정치적 발전을 이뤄내지 못한 반면, 추격 집단은 실패와 성공을 반복한 정치적인 부침 속에서도 꾸준히 세력을 성장시켰다.

2000년 이전에 추격 집단의 발전이 없었던 것은 아니다. 세력은 꾸준히 확장하고 있었다. 1987년을 거치면서 추격자 정치 집단은 많은 정치적 지지와 정치적 자원을 획득해나갔다. 그런 기반으로 앞서 언급했듯, 1997년과 2002년 대선에서 연이어 대통령을 배출해 정부 권력을 얻었다. 이후에도 여러 부침은 있었으나 성장을 거듭했다.

이 무렵, 추격 집단은 강해졌다. 노무현 정부 때의 정치적 자산으로부터 이후 추격자 정치 집단은 직간접적으로 많은 유산을 물려받게 된다. 강력한 경쟁력을 갖추게 된 이들 집단은 주도권 집단과 경쟁하면서 이른바 패스트 팔로어 전략을 적절히 구사하는 단계에 이르기 시작한다. 일정 수준의 능력치에 도달한 후순위 경쟁자가 상대방이 가진 좋은 면을 재빠르게 흡수하면서 자신들의 경쟁력을 강화하는 전략 방식이다.

이 시기 이후 추격 집단이 공격적이고, 다양한 엘리트가 있는 주도 집단을 위협하는 집단으로 급성장했다는 점은 부인할 수 없

**한국의 정치 집단**(2020년 10월 기준)

| 분류 | 현재 여권 | 과거 여권 |
|---|---|---|
| 속성 | 추격 집단 | 주도 집단 |
| 현 상황 | 매우 강력 | 쇠약 |
| 의석수 | 174석+α | 103석 |
| 정당 명칭 | 더불어민주당 | 국민의힘 |
| 대통령 | 김대중<br>노무현<br>문재인 | 박정희<br>전두환<br>노태우<br>김영삼<br>이명박<br>박근혜 |

는 사실이다. 추격 집단은 패스트 팔로어 전략의 일환으로 정치 집단의 원내외 구성원들을 각 분야의 전문인들로 많이 대체했다.

전통적으로 주도적 정치 집단에 많던 검찰이나 행정 관료, 변호사, 기업인을 정당 내에 배치했다. 여기에 더해 원외의 지지 세력을 발전시켜나갔다. 전통적으로 접점이 있는 전국 단위 노동운동 세력과의 연합으로 상당한 규모의 지지 세력도 확보했다. 추격 집단과 시민 사회가 만들어낸 제도권 언론과 신생 미디어들도 추격 집단이 주도 집단에 맞설 수 있는 강력한 프레임 대응력을 선사했다.

이러한 세력 정비는 추격 집단의 전반적인 국정 운영 능력과 위험 대응 능력을 획기적으로 높였다. 이제 고위급 판사, 검사나 변호사, 고위 경찰 출신이 추격 집단의 정당에서 의정 활동을 하는 모습은 낯선 광경이 아니다.

추격 집단이 강해진 배경에는 다른 요인도 있다. 이들은 연금술사 같은 프레임 메이커의 자질이 있다. 현대 정치에서 가장 중요한 프레임 경쟁에 관해, 추격 집단은 타고난 대처 능력이 있다.

추격 집단은 아주 영리한 메신저다. 이들은 자신의 강점을 스스로 잘 알고 대중이 무엇을 좋아하는지 이해하고 있는 집단이다. 추격 집단은 보호색을 가진 카멜레온 같은 프레임, 메시지 전략을 구사한다. 덕분에 이들은 정치의 세계에서 능력 있는 사냥꾼이 될 수 있고, 적의 공격으로부터 자신을 보호하는 데 탁월하다.

추격 집단은 강력한 엘리트이자 정치적 강자들이다. 더욱이 오늘날 이들은 권력의 세 조각을 모두 한 손에 쥘 기세다. 정치적 자산을 모두 움켜쥔 형국이지만 추격 집단은 핍박받고, 도전받는 위기 속의 정당임을 끊임없이 강조한다. 일례로 이들은 탄핵 이후 쇠락한 상대 정당을 두고, 시민에게 이 정당이 여전히 강력한 기득권이라는 메시지를 쉬지 않고 내보내며 정치적 혜택을 누린다. 국회 170석이 넘는 정당이 100석 정도의 야당을 향해 과거에 이런 행태를 보였다면 시민은 등을 돌렸을 것이다.

약자는 아니지만, 약자로서의 강점을 누리는 정치 집단이 바로 추격 집단이다. 정치적 위장술 능력이다. 강력한 거대 여당이 쇠락한 정치 집단인 야권에게 "너희는 힘이 세기 때문에 여전히 한국의 사회 문제가 되고 있다"라고 말하는 역설적 상황이 벌어지고 있다.

추격 집단이 강력하게 구사하는 프레임은 이들에게 더할 나위 없이 많은 장점을 주고 있는데 추격 집단은 이러한 이점을 십분 활용한다. 대표적인 약자 프레임으로 인해서 탄핵 정국에서도 추격 집단은 정권을 잡는 데 상당한 도움을 얻었다.

추격 집단의 정부 입성에 대해 많은 사람의 큰 반대나 우려가 없었던 것도 이들 집단이 만들어놓은 약자 프레임이 크게 작용했다. 추격 집단은 과거 운동권 출신인 86세대 정치인과 노무현 정부 당시의 옛 친노, 최근의 친문 인사들이 주축이 된 정당이라는 점을 떠올려보자.

한때 아마추어리즘 정부라는 비난을 들을 정도의 추격 집단이 시민에게 위협적으로 보일 리 만무했다. 특히나 그들은 늘 기득권과 싸우고 시민의 편이라고 말해왔기 때문이다.

오늘부터 저는 국민 모두의 대통령이 되겠습니다. 저를 지지하지 않은 국민 한 분 한 분도 저의 국민이고, 우리의 국민으로 섬기겠습니다.

대통령 취임사, 2017년 5월

약자 프레임 효과는 실제로 통했을까. 당시 여론조사를 살펴보면, 약자 프레임의 효과를 고스란히 확인할 수 있다. 추격 집단이 바라는 것처럼 말이다. 많은 시민이 권좌에 오른 대통령이 국민을 섬기는 겸손하고 공평한 권력이 될 것이라고 여겼다.

문재인 대통령 직무 긍정 평가 이유 상위권에 오른 '소통'과 '인사'는 박근혜 전 대통령 임기 내내 부정 평가 이유 상위권에 올랐던 항목이다. '탈권위적/소탈/검소' '개방적' 등도 박근혜 전 대통령 시절에는 언급되지 않았던 내용이다.[*]

대통령 취임 이후 국민의 평가는 더욱 상승했다. 여론조사 기관에 따르면, 대통령 취임 첫 지지율 평가에서 긍정 84%로 역대 최대를 기록했다. 같은 기간 이명박 대통령은 52%, 박근혜 대통령 44%였다. 대통령의 국정 지지율은 임기 3년이 넘어서도 역대 대통령 가운데 최고로 높은 지지율을 한때 기록할 정도다.

임기 이후 매년 돌아온 전국 단위 선거에서도 주도권을 놓치지 않았다. 추격 집단은 압도적 승리를 이어갔다. 탄핵으로 일격을 받은 상대 정치 세력의 쇠락 현상만이 가속화됐다.

국정을 운영하는 것은 가시밭길이라고 하지만 이들은 오히려 진기록을 세워갔다. 추격자 정치 집단은 지방 자치 권력도 모두 가져갔다. 2018년은 앞으로의 선거 승리의 예고편이었다. 6·13 지방 선거와 국회의원 재보궐 선거에서 추격 집단은 압승을 거뒀다.

---

[*] 「데일리 오피니언 제261호(2017년 6월 1주)-대통령 취임 후 첫 직무 평가, 총리, 인사청문회」, 한국갤럽.

지방자치단체장을 뽑는 전국 선거 결과에서 대구·경북을 제외하고 전국의 지방자치단체 단체장을 석권했다. 17곳의 광역단체장 가운데 대구·경북·제주를 뺀 14곳에서 승리했다. 대통령이 "높은 지지에 등골이 서늘해진다"라고 표현할 정도로 추격 집단은 선거의 압승을 이어갔다.

> 우리가 받은 높은 지지는 굉장히 두려운 것이고, 이는 정말 등골이 서늘해지는, 등에서 식은땀이 나는 정도의 두려움이다. 지지에 충족하지 못하면 기대는 금세 실망으로 바뀔 수 있다.
>
> 대통령, 2018년 6월

선거 결과를 그린 전국 정치 지도는 과거와 전혀 다른 형태로 바뀌었다. 푸른 벽은 늘고, 빨간 벽은 급감했다. 추격 집단은 6·13 선거의 승리로 입법부 장악력도 한층 강해졌다. 지방자치단체 선거와 동시에 치러진, 미니 총선으로 불린 국회의원 재·보궐 선거 역시 추격 집단의 압승으로 끝났다.

추격 집단은 12석의 보궐 의석 가운데 경북의 한 지역을 빼고는 모두 가져갔다. 탄핵 이후 20대 국회의원 임기가 남았기에 그나마 유지되던 주도 집단의 지분이 다시 줄어든 것이었다.

2년 뒤 다가올 다음 국회의원 총선거에서 입법부 권력 지도가 획기적으로 변할 것이라는 강력한 신호음이었다. 추격 집단 주도의 정치 구도에 결정적 쐐기를 박는 선거는 2020년 4월에 치러진다. 임기 후반기로 넘어가는 정치적 고비에 치러진 21대 국회의원 선거는 정부와 여당의 기록적인 승리로 끝이 났다. 한국 정치사에 전무후무할 수 있는 기록적인 대승이었다.

시민은 압도적인 지지를 보냈다. 선거 직후 선거 연합한 비례 의석까지 합하면 180석을 가진 정당으로 탈바꿈했다. 범여권 정당을 합하면 183석의 우군으로 구성된 국회 의석 구조로 재편된다. 200석 이상이 필요한 개헌을 제외한 모든 입법권을 행사할 수 있는 슈퍼 정당이 된 것이다. (2020년 10월 현재, 비례연합 정당은 분리되고, 일부 탈당 의원이 생겨서 174석을 유지하고 있다.)

스스로 약자라고 이야기하는 추격 집단은 이제 완벽한 정치 권력이 된 상황이다. 한국의 사법 권력이 행정 권력에 상당 부분 예속되어 있다는 평가를 받는다는 점을 고려하면, 추격 집단이 국가 권력의 모든 요소를 압도적으로 손에 쥐고 있는 형국이다. 1987년 개헌 이후에 이렇게 번영한 정치 집단은 없었다.

뉴노멀 정치의 시대다. 1강 1약에서 1강 1중을 거쳐 양강, 양자 구도로 이어온 한국 정치의 틀 자체가 완연히 바뀐 것이다. 이제는 강-중 혹은 강-약 세력 간의 전세가 완전히 역전된 시대에 접어들었다. 한국의 정치 집단은 양자 구도, 즉 1강-1중 구도나 양강 구도로 유지되어왔는데, 탄핵의 시간으로 한국 사회의 정치 질서는 붕괴됐다. 이는 기존의 정치 질서가 형성된 지점이 민주주의를 위한 이상적인 균형점이었는지에 대한 판단과는 별개로, 현실의 정치 세계를 설명하는 것이다.

수년 안에 한국 정치 공간에서 일어난 강력한 현상은 단 하나다. 2개의 축 가운데 하나의 축이 무너졌다. 힘의 균형이 무너지고, 이는 전혀 다른 정치 현상을 불러왔다.

한국의 정치 동학動學은 이제 과거의 추격 집단에 의해 결정되게 되었다. 이에 따라서 정치의 함수 결과물이 달라진다. 이들이 과거와 똑같은 이름의 정치 집단이라 불려도 예전과 똑같은 정치 집단이 아닌 것이다.

정치 영역은 자신의 영역을 확장하는 관성을 지닌 집단이다. 추격 집단은 강력한 정치적 목표를 실현하기 위해 매진해왔다. 정치 집단의 1차 목표는 권력의 획득이다. 2차 목표는 권력의 유지다. 추격자는 자신의 방식으로 자신의 위상을 유지하기 위해서 노력할 것이다.

추격 집단은 오늘의 자신을 만들어낸 성공의 루트를 그대로 이행하려 할 것이다. 자신의 정치석 프레임은 더욱 강화하고 자신의 권력 저변은 더욱 확대하려 할 것이다. 이 역시 상대 집단이 강력했을 때와는 다른 양상으로 진행된다. 오래된 구성물이 다른 방식으로 조합되게 된다.

추격 집단이 주도하는 정부와 정치, 그 결과로 완전히 다른 형태의 강력한 리바이어던이 눈을 떴다. 이전의 정치 구도에서는 상대 정당의 견제 속에서 자신들이 실현할 수 있는 사회적 변화가 아주 적었다면, 탄핵 이후의 이들 집단은 완전히 다른 정당으로 거듭났다.

이들은 더는 추격자도 정치적 약자도 아니었다. 그들은 오늘날 가장 강력한 정치 집단이다.

## 스산한 신세계

묵직한 패가 넘어지자 그 뒤로 서 있던 다른 패들도 연쇄적으로 넘어가기 시작한다. 도미노 효과다. 오래된 정치의 세계가 무너지자 그 여파가 서서히 가시화되기 시작했다. 수술대에 올라갔다 내려온 중환자의 상태였다.

표면에는 드러나지 않았지만, 사회 곳곳에서 이상 징후 신호가 있었다. 거대한 힘이 휩쓸고 간 한국 사회는 여러모로 약해져 있었다. 이제 기본 축이 뒤집힌 정치의 세계는 기준점이 달라졌다. 그런 와중에 정치의 세계에서 맹주가 된 추격 집단은 태생부터 세상을 바꾸려는 의지가 충만한 집단이었다.

권력을 쥔 추격 집단은 사회를 가만히 두지 않았다. 정치 역시 사회를 이루는 거대한 기둥이다. 그 기둥이 송두리째 흔들린 여파가 작지 않았다. 그런 어수선한 시기에 권력을 잡은 정치 집단은 사회의 여러 부위를 집요하게 파고들었다. 정치권력은 세상의 균형점을 자신의 목적과 방향으로 바꾸려는 의도를 숨기지 않았다.

추격 집단은 대통령 탄핵으로 촛불 시민의 뜻이 완성됐다는 일각의 생각에 대해 단연코 반대하고 있었다. 통째의 권력을 선거에서 이긴 승자에게 전적으로 맡기는 위임 정치 시스템의 사회를 살고 있다. 대의민주주의는 투표용지에 당신의 정확한 의견을 구체적으로 기재하라고 말하지 않는다. 권력을 가진 정치 집단의 유권 해석에 의해 세상은 움직이게 된다.

청와대와 행정부에 입성한 추격 집단이 선택한 카드는 청산淸算이었다. 청산, 깨끗이 정리한다는 단어가 한국 사회 전면에 내세워졌다. 그렇게 추격 집단의 사정 작업이 이어졌다. 새 정부가 꺼내든 적폐라는 단어는 공교롭게도 전직 대통령이 먼저 꺼내든 단어였다.

강력한 힘을 상징하기 위해 꺼내든 전 정부의 압박 카드로, 민주 사회와는 다소 괴리가 있다고 평가되던 구시대 내음이 물씬 풍기는 정치적 구호가 추격 집단에서 재탄생됐다. 청산은 그믐달 아래 번뜩이는 칼날처럼 진행됐고, 이면에서는 여러 일이 일어났다.

대통령은 "적폐청산이라고 하니까 그것이 편 가르기나 앞의 정부를 사정하거나 심판하는 것처럼 여기는 분들도 있는 것 같지만 그렇지 않다"라며 추격 집단의 청산 작업이 전임 정부 사정 작업과는 무관하다고 선을 그었지만 오랜 폐단이든 최신의 폐단이든 청산의 대상은 전임 정부의 사람일 수밖에 없었다.

탄핵의 시간이 만들어낸 여파가 넓고 깊게 번져갔다. 정부 기관에는 특별한 위원회가 꾸려져 전 정부와 전임 정부의 의심스러운 흔적을 찾아내거나 발굴하기 시작했다.

언론들도 힘을 보탰다. 전임 정부의 흔적을 찾기는 손쉬웠다. 급히 물러난 정부는 자신의 짐도 미처 꾸리지 못한 듯했다. 정부 기관에는 권력의 지문이 사라지기 전이었다. 탄핵 이후 전 정부와 관련된 모든 흔적은 의심을 받는 상황이었다.

권력의 체계에 톱니바퀴처럼 맞물려 있을 수밖에 없었던 정부 기관이 수사 대상에 올랐고, 공직자나 공무원들이 강도 높은 수사 끝에 여러 혐의로 재판에 넘겨졌다. 새 정부 출범 이후 청산 관련 수사의 재판은 100건이 넘는 것으로 알려졌다. 2020년 국회 국정감사에 나온 내용이다.

한 건의 재판에 연루된 인원이 여러 명이라는 사실을 고려하면, 재판에 넘겨진 청산 대상 인원은 훨씬 많을 것이다. 재판에 넘겨지지 않고, 수사만 받은 인원을 더하면 그 숫자가 더 증가할 것이다.

정부 출범 3년이 넘었지만, 여전히 그때 시작된 재판이 이어지고 있다. 행여나 의혹과 문제점이 드러난 정부 인사들은 민주 사회에서 사회적 형장으로 가는 가장 위험한 통로인 법의 심판대 위에 올려졌다. 예외는 없었다. 청산의 목표가 된 인사가 아무리 상징적인 인물, 예를 들어 사법부의 전직 수장이었더라도 말이다. 청산은 날카로웠고 꾸준히 이어졌다.

인적 청산은 인적 구조를 새롭게 만들고, 조직 청산은 조직을 전혀 다른 조직으로 만든다. 전혀 다른 조직으로 탈바꿈시키는 기준은 정치 집단인 추격 집단이 정했다. 추격 집단이 주도하는 체계와 질서가 정부 기관에 매설되기 시작했다.

광폭廣幅이었다. 사회 모든 분야라 해도 될 정도로, 정부의 행정력이 미치는 거의 모든 곳에서 청산이라는 작업이 진행됐다. 권력이 청산 작업에 매진하는 이유는 명확하다. 청산, 무언가를 치우면 모종의 장소나 길이 만들어진다는 점이 청산 작업의 핵심일 것이다. 추격 집단을 위한 시공간이 만들어졌다.

청산의 수위는 아슬아슬했다. 이번 정부의 청산 작업이 법적으로 어느 정도 아슬아슬한 수준이었는지 짐작하게 하는 단적인 예가 있다. 검찰에 따르면, 환경부라는 비교적 권력과는 무관해 보이는 부처에서도 과거 정부 인사에 대한 사정 작업이 진행됐다.

검찰은 전 환경부 장관 등이 이전 정권에서 임명된 환경부 산하 공공 기관 임원 15명에게 사표 제출을 요구해 13명에게서 사표를 받아낸 사안에 대해 불법의 여지가 크다고 보고, 이번 정부의 전직 환경부 장관을 재판에 넘겼다. 놀랍게도 촛불 혁명 이전 정부가 아니라 이후 정부에서 일어난 일이다.

물론 결론을 내리기는 아직 이르다. 재판은 여전히 진행 중이다. 사회에서 사법부의 권위를 인정하지 않는 기류도 뚜렷해지고 있다. 이 사건에서 분명한 사실은 이번 정부의 청산도 위법의 경계선을 넘나들었다는 점이다. 권력의 월권을 막겠다고 진행된 촛불 혁명 이후의 정부가 법에 저촉될 정도로 월권을 행사했다는 점을 심각하게 봐야 할 것이다.

당연히 정부의 모든 청산 작업이 위법적인 수준으로까지 진행되지 않았을 것이다. 그러나 합법적인 틀에서 청산이 진행됐다 해도 추격 집단의 사정 작업이 월권 논란이 생길 정도로 매섭고 강력했다는 것에는 이견을 두기 어렵다.

청산이 위법 수위에 근접한다 해도 이것이 용인된 것은 지금이 탄핵 이후의 시대이기 때문이다. 시민을 위협하는 권력의 폐습을 없애는 것이 청산이라고 추격 집단은 이야기해왔다. 정부의 청산 작업은 시민을 위한, 즉 민주주의를 위한 작업일 때만 정당성을 가질 수 있는 것이다. 그러면 추격 집단의 청산 작업이 과연 시민을 위한 한국 사회 순화 과정이었는가.

다시 질문을 바꿔서, 이번 정부의 청산이 과연 온전히 시민을 위해서 이뤄졌는지 판단해보자. 검찰로 잠시 배경을 옮겨보자. 추격 집단이 검찰 조직을 바꾸리라는 예측은 정부 출범 이전부터 예측 가능한 일이었다. 그러나 뒤돌아보면 검찰의 변화가 갑자기, 그것도 너무나 빨리 추격 집단에 의해 시작될지는 누구도 예상하지 못했다. 검찰은 전직 대통령 수사를 이끈 탄핵 국면의 핵심 주역이었기 때문이다.

이런 면에서 2017년 5월, 새 정부 출범 일주일여 만에 새 대통령의 엄중한 첫 감찰 지시 대상이 된 것이 서울중앙지검장이었다는 점은 우연으로 보기에는 참 공교로운 일이었다. 그는 전 정부의 대통령이 구속된 최순실 게이트 수사를 충실히 지휘해온 인물이었다. 대통령 감찰 지시 이전에는 차기 검찰총장 물망에도 오르던 그였다.

감찰 지시 이후 수사를 받은 그는 재판에 넘겨지기까지 했다. 햇수로 2년이 넘어 그는 무죄를 받고 복직하게 됐다. 전 서울중앙지검장이자 최순실 게이트를 이끈 탄핵의 공신으로 분류될 수 있는 그는 복귀 하루 만에 검찰에 사표를 내며, "저와 같은 사례가 다시는 없기를 바란다"라는 말을 남기고 공직을 떠났다.

전임 정부의 생명줄을 끊은 수사를 이끌던 전국 최대 규모 검찰청 수장의 이런 퇴장은 누구도 예상치 못한 일이었다. 언론의 보도가 불러온 단순 사건일 뿐이었던가. 아니면 서울중앙지검장을 바꾸려는 검찰 내부의 시도였는가, 그도 아니면 함께 문제가 된 또 다른 검사장을 노린 이들의 작품인가. 추격 집단의 의중이 반영된 것이라는 점은 확실히 알 수 있다.

우연의 연쇄 작용일 수도 있다. 기묘한 나비 효과일지 모르지만, 당시 검찰 조직은 갑작스러운 중앙지검장의 공석으로 조직의 구도가 재편됐다. 물러난 전국 최대 검찰청 책임자 자리에는 박근혜 정부의 대척점에 서온 윤석열 검사가 임명되었다. 이렇듯 모든 것이 자연스럽게 흘러간 것은 아니었다. 우연이라기에는 다소 부자연스럽고 억지스러운 일이 이어졌다.

검찰의 인사는 이후로도 의외와 예외, 관례의 어느 지점에서 줄타기하듯 이뤄졌다. 인사권을 쥔 정부와 추격 집단의 의중이 반영된 것이었다. 일련의 과정을 보면 추격 집단은 자신과 어울리는 파트너를 위해 늘 고심에 고심을 거듭하는 것으로 보인다.

정부의 주장처럼 공정한 인사를 위해 진행되었든 간에, 그 의도와는 무관하게 검찰의 인사와 검찰 조직은 과거와 전혀 다른 상태로 가고 있는 것은 확실하다. 청산은 권력의 칼을 쥔 추격 집단의 의중대로 그렇게 진행됐다. 최근 벌어진 윤석열 검찰총장을 둘러싼 사건도 큰 틀에서는 맥락이 동일하다. 추격 집단이 기준이 된다. 반대하는 세력은 청산된다.

탄핵의 도미노 효과다. 청산이라는 매서운 사회 분위기가 휩쓸고 간 곳에는 의도된 침묵만이 흘렀다. 청산은 강력했다. 추격 집단이 물러서는 경우가 드물었다. 전 정부 요직에 있거나 정부의 깊은 곳에서 역할을 한 이들이 수사 선상에 오르거나 그의 온갖 행적이 의심을 받았다.

사회 분위기는 그렇게 흘러갔다. 대통령이란 권력자를 수감복을 입혀 독방으로 보낸 이 나라에서 누구도 함부로 나설 수 없다. 청산 작업은 한국 사회를 순응적으로 바꿨다.

과도한 규제나 압력으로 사상과 표현의 자유가 위축되는 이른바 칠링 이펙트Chilling effect다. 사회의 작동 방식은 크게 바뀌게 된다. TV 뉴스와 인터넷 뉴스에는 공직자들의 수사나 재판 과정이 여과 없이 전달됐다. 남루한 수감복을 입은 정치인, 전직 공무원, 전직 군인의 모습은 많은 것을 사회에 전달해줬다.

권력 집단이 바뀌면 과거 집단은 청산되는 과정을 밟는다. 후임 정부는 늘 앞선 정부에 칼을 씌웠다. 같은 정당에서 갈라진 김대중-노무현, 이명박-박근혜 정부도 똑같은 전철을 밟았다.

그래서 시민은 정치권력을 잔인하고 무섭다고 평가한다. 시민의 집단 기억에는 사라지고 없지만, 김대중-노무현 정부 사이에도 이런 청산 작업이 있었다. 청산은 정도와 강도의 차이일 뿐이다. 정치적 여건과 청산을 수행하려는 권력 집단의 의지와 집념의 차이다.

탄핵의 시간 이후 명확하게 바뀐 것은 청산의 범위와 깊이다. 전직 대통령들이 수십 년이란 긴 세월을 교도소에서 보내게 된다는 점 외에도 청산의 형태에서 바뀐 것이 있다.

추격 집단은 권력이 원한다면 '영혼이 없는 존재'라는 관료에게도 심판의 칼을 휘두를 수 있다는 것을 여실히 보여줬다. 정치적 주모자인 정치인 외에도 이를 도와온 공무원 또한 수사와 재판대 위에 올렸다. 사회 각 분야의 자기방어 기제는 탄핵 이후 해체된 상태였다.

탄핵의 사회적 파괴력은 청산 작업에 대한 사회의 감수성을 무디게 만들었다. 게다가 정부 기관 깊숙한 곳에 대한 청산의 구체적인 정보는 거의 없다. 실제 어떤 종류의 청산 작업이 있었는지 알 수 없다. 청산 작업 끝에 국가 기관 인사가 재판에 넘겨질 때에서야 그 인사와 소속된 기관에서 이뤄진 저간의 청산 상황을 미뤄 짐작할 뿐이다.

여전히 정부 기관에 대한 정보는 여러 겹의 베일에 싸여 있다. 시민을 위해 무엇이 바뀌었는가에 대한 명확한 정보가 없다. 일례로 조직을 대대적으로 개혁했다는 국가정보원에는 무슨 일이 있었는가. 국정원은 시민을 위해 어떻게 일하고 있는 것인가. 혹은 대규모 변화가 가져온 다른 문제는 없을 것인가.

청산이란 악화惡貨가 국민의 안전이라는 양화良貨를 구축했는지 모른다. 국정원보다 더 강력한 청산이 이뤄진 해체된 기무사령부에서는 어떤 일이 있었나. 해체되고 새롭게 설립된 군 정보기관은 더 민주적으로 변했을까.

국정원과 옛 기무사령부를 나란히 언급한 것은 과거 정치권력이 자신의 권력 유지를 위해 불법·탈법적으로 동원해온 권력 기관들이기 때문이다. 변모된 국정원, 옛 기무사를 해체하고 새로 창설된 안보지원사령부는 이 순간 어떤 일을 어떻게 하고 있을까. 과거 음지陰地의 기관들이 정치권력이 아닌 시민을 위해 제대로 일한다고 할 만한 근거가 무엇인지 물어야 할 것이다.

청산은 끝났는데, 결과지는 시민에게 제대로 전달되지 않고 있다. 추격 집단은 시민을 대리해 정부를 통해 청산 작업을 시작했다. 청산의 결과물에 대해서 시민은 명확히 아는 것이 없다. 혹시 당신은 알고 있는가. 강력한 권력 기관이 권력이 아닌 시민을 위해 일한다는 근거에 대해서 말이다.

한국에는 이들 외에도 강력한 권력 기관이 하나 더 있다. 대통령의 가장 가까운 거리에 머물며 강력한 권한을 휘두르는 기관이다. 대통령의 칼이라 불리는 청와대 민정수석비서관실이다.

과거 추격 집단은 전 정부의 청와대 민정수석실의 문제점을 집요하게 공격했었다. 탄핵 이후 민정수석비서관을 지낸 인사에 대해 고강도 검찰 조사와 재판이 벌어졌다. 추격 집단의 공세에는 해당 인사가 노무현 전 대통령을 수사한 인물이라는 점도 적지 않은 영향을 끼쳤을 것이다. 하지만 근본적으로는 대통령의 권력을 상징하는 민정수석실이 가진 강력한 힘으로부터 연유된 일이라 하겠다.

그렇다면 추격 집단이 청와대의 새 주인으로 들어선 이후 청와대 민정수석실은 시민에게 한 발짝 더 다가오게 되었을까. 민정수석으로 검사 출신이 아닌 대학교수가 오르기도 했으나, 현실은 시민의 기대와는 다른 방향으로 흘러가는 것 같다. 이미 이번 정부 청와대 민정수석비서관실의 월권적 운영에 대한 의심스러운 단서를 익히 알고 있다.

이번 정부 청와대 민정수석비서관실 산하의 반부패비서관실 특별감찰반에 있다가 내부 제보자를 자처한 전직 검찰 수사관은 "현 정부의 민간인 사찰이 심각하다"는 주장을 하며, 민정수석실이 여전히 위법적으로 움직였을 가능성이 농후하다는 사실을 폭로했다.

청와대 내부 제보자의 폭로는 정부와 여권의 주장처럼 '가짜 뉴스'일지 모른다. 이번 정부의 청와대 민정수석실 산하의 활동이 명백한 위법이 아니라도 내부 제보자의 주장에는 일말의 진실이 있을 것이다.

이미 이뤄진 검찰 수사로 일부 사실로 드러난 점도 있다. 최종 위법 여부는 법원이 판단할 것이다. 시간이 조금 더 흐르고 정치를 둘러싼 권력이 삭아서 떨어지는 시점에서는 더 많은 진실을 알게 될지 모른다. 우리가 과거에 늘 그래왔던 것처럼 말이다.

당신은 어떻게 생각하는가. 한국 사회는 앞으로 향하고 있는가. 아니면 그 자리에 머물러 있는가. 혹은 민주주의와는 무관하게 정치 권좌의 이름표만 바뀌었는가.

2020년 국회의원 선거를 앞둔 날, 인터넷 방송을 하던 여권 핵심 인물이 다가올 선거에서 현 여당이 180석을 얻을지 모른다고 말하자, 사회는 놀라움을 금치 못했다. 그러나 투표함을 열자 놀라움이 그대로 실천됐다. 그는 "자신의 발언 탓에 의석수가 줄었다"라고 송구함을 표했다.

뒤돌아보면 180석 발언의 실체는 경솔한 행동이 아니라, 선거 결과를 미리 알린 천기누설이었던 셈이다. 추격 집단의 힘은 기존의 정치 세계와는 말 그대로 차원이 다르다. 제왕적이라는 대통령 권력과 함께 입법부 권력도 170석 넘게 보유했다.

오랜 기간 정치 세계에서 강력한 입법 권력의 기준은 151석 달성 여부였다. 이 기준에 미치지 못해 당 대표의 자리에서 물러난 정치인이 한둘이 아니라는 현실을 떠올리면, 지금 추격 집단의 막강한 위세를 알 수 있다.

정치는 사회의 질서를 재편시킬 수 있는 강력한 힘을 가진 영역이다. 권력의 핵심으로 급부상한 추격 정치 집단은 경제·금융·언론·이데올로기·검찰…, 한국 사회 거의 모든 영역을 바꾸려고 하고 있다. 향후 20년을 행정부와 입법부를 장악한 강력한 권력을 유지하겠다는 이른바 20년 집권론이 바로 추격 집단의 속내다. 모든 조건이 맞아떨어지고 있다. 힘을 가진 추격 집단은 자신의 정치적 신세계를 실현하고 싶어 한다. 노무현 정부 당시 100년 집권 정당의 변형된 버전이다.

권력의 영속성이다. 이를 위해서 추격 집단은 사회의 가로축과 세로축을 바꾸려고 한다. 추격 집단은 과거 권력을 쥐었던 주도적 정치 집단과는 전혀 다른 정치적 지향성과 활동성을 보이는 집단이다. 이들은 급격한 변화를 사회적으로 이상적인 상태로 본다.

추격 집단이 추구하는 사회의 급격한 변화는 필연적으로 그전에 없었던 현상을 불러일으킨다. 이런 현상은 어떤 구성원에게는 좋은 변화일 수 있지만, 많은 구성원에게는 곤욕스러운 일일수 있다. 변화의 부작용은 의도치 않게 시민을 괴롭힐 수 있다.

우리의 삶이 급속도로 바뀔 수 있다. 당신의 삶은 정치에 의해 좌우되고, 당신의 삶은 변화의 소용돌이에 예속된다. 삶, 경제라고 불리는 영역에서 추격 집단의 뉴노멀 정치라는 거대한 힘이 요동치기 시작했다.

당신의 삶은 어떻게 바뀌고, 무엇 때문에 바뀌고 있는가. 정치에 의해 당신은 부자가 될 수도 있고, 지금보다 더 가난해질 수 있다.

2부

# 경제

정치가 한국 사회의 경제 질서를
바꾸는 과정을 살펴봅니다.
정치는 풍요를 약속했는데
당신의 삶은 더 힘들어지고 있습니다.

# 01

# 부동산 정치

경제라 쓰고 정치로 읽는다

경제는 먹고사는 문제입니다.
가장 중요한 문제입니다.
집은 우리가 거처할 최소한의 공간입니다.
부동산이 불꽃 폭등했습니다.
모든 실마리는 정치에 있습니다.

## 욜로의 종말

욜로의 종말은 영끌의 시작이다. 욜로, 욜로, 욜로… 인생은 한 번뿐이라며 명품과 고급 수입차를 탐하며 흥겨운 노래를 부르던 젊은이들은 사라졌다. 한국 경제에 부동산 폭등이라는 어두운 그림자가 드리워졌다.

'영끌: 영혼을 끌어들인다.' 이 표현만큼 요즘의 절박함을 잘 반영하는 말이 있을까. 부동산 폭락론자가 상당수라고 하던 40대가 정부의 만류에도 영끌해서 집을 사기 시작하더니, 이제 그보다 경제적 여력이 없는 30대도 부동산 매매에 뛰어들었다.

50대와 40대가 훑고 지나간 부동산 시장에 30대도 뒤늦게 뛰어든 것이다. 각종 통계를 보면 2020년의 부동산 매매에서 30대가 40대를 앞서고 있다. 30대도 급박한 마음으로 부동산 매매에 뛰어든 것이다. 부동산 매매에 뛰어들지 않고서는 버틸 수 없는 심리 상태가 만들어졌다.

단어가 가볍게 느껴지지만 영끌을 한다는 것은 무서운 일이다. 빚에 시달리는 채무자의 삶을 살아간다는 것을 의미한다. 욜로가 현실을 즐기는 것이라면, 영끌은 과도한 부채로 인해서 먹는 것, 입는 것, 아이들 보육비, 모든 것을 희생하게 된다.

경제적으로 상당히 위태로운 상태에 서게 된다. 가족 가운데 누군가 불의의 사고라도 당하면 영끌한 가정은 거대한 빚더미의 낭떠러지로 곤두박질치게 된다. 욜로를 즐긴다고 표현되던 젊은 층까지 돌연 부동산 매매 대열에 합류했다. 부동산 가격이 폭등하니 부담과 위험을 안고서라도 집을 사는 것이다.

욜로는 글로벌 금융 위기 이후 성장 동력이 꺼져가는 한국의 저성장이 만들어낸 사회 문화적 현상이었다. 대세로 자리 잡는 듯한 욜로 현상도 부동산이라는 핵심적인 실물 자산 가치가 급격히 오르자 순식간에 사라졌다.

자산을 성실하게 모으지 않겠다는 삶의 태도도 경제적인 관점에서는 문제가 될 수 있다면, 한계적 상황에 달하는 막대한 빚을 지고 너도나도 내 집 마련에 나서는 욜로의 종말은 더 큰 문제를 불러올 것이다.

30대까지 영끌로 부동산 매입에 뛰어드는 상황으로 접어들자 한국의 가계 부채는 다시 치솟고 있다. 한국은행에 따르면, 가계 부채(가계 대출 잔액)는 2020년 2분기 기준으로 전 분기 대비 23조 9,000억 원이 늘어나 1,545조 7,000억 원을 기록했다.

다시 가계 부채가 가파르게 증가한 것이다. 내 집 마련을 위해 부채를 끌어쓸 수밖에 없는 가계 경제 상황을 그대로 보여준다. 그만큼 한국의 부동산 폭등 현상은 심각한 사회 문제가 되고 있다. 서민층의 주거 안정을 전면에 내세운 이번 정부가 만들어낸 안타까운 풍경이다. 부익부 빈익빈이라는 말이 지금 시대처럼 잘 들어맞는 사회가 한국에는 없었다.

「마태복음」의 "무릇 있는 자는 받아 넉넉하게 되고 없는 자는 그 있는 것도 빼앗기리라"는 구절이 구현된 나라에 우리는 살고 있다. 부동산을 가진 사람은 부동산 가격 상승으로 무릇 넉넉하게 되고 부동산이 없는 자는 있는 것도 빼앗기는 위기감이 사회를 휩쓸기 시작한 것이다.

시민의 삶은 의식주 3가지로 이뤄진다. 폭등한 집을 사기 위해 영끌을 하면, 무리해서 대출을 받게 되면 음식과 옷으로 상징되는 당신의 일상은 엄청난 영향을 받게 된다.

한마디로 당신이 힘들어진다. 한국의 자산 비중은 부동산이 70% 이상이다. 부동산이 당신의 삶에 미치는 영향은 상당하다. 이것이 바로 당신의 삶이 불안한 이유다. 문제는 이런 상황이 이번 정부 임기 시작 이후 3년 넘게 이어지고 있다는 점이다.

국토교통부 장관은 부동산 정책을 관장하는 주무 장관이다. 이 장관이 영끌해서 집을 사는 30대를 두고 한마디 평을 했다. "기다렸다가 앞으로 서울과 신도시 분양을 받으면 되는데, 30대의 영끌 주택 구매가 안타깝다"라는 것이었다.

부동산 폭등을 해결해줄 정부를 조금만 더 믿으라는 시그널이지만, 3년간 정부를 믿어온 시민 입장에서는 장관의 발언이 더 야속할 순간이었다. 욜로를 즐기는 30대가 왜 세대 가운데 마지막으로 영끌 매매에 나섰겠는가. 그들이 막판 대열에 합류하기까지의 긴 시간 동안 이번 정부와 정치의 책임은 없는가.

정부와 시민의 인식 차이가 그만큼 컸다. 정부는 끊임없이 부동산 가격이 잡힐 것이라고 장담했다. 부동산 정책이 발표되면 정부는 부동산이 안정세에 들어가고 있다는 진단을 내놓았다.

정부의 진단은 얼마 뒤 섣부른 판단 혹은 틀린 진단으로 판명이 났다. 당신이 이 책을 읽고 있는 2021년도 비슷한 흐름이 이어질 공산이 클 것이다.

정부는 거듭 실패를 반복해왔다. "잡혔다"라고 외쳤던 부동산이 다시 치솟고 "이제는 안정화됐다"라는 부동산이 펄쩍 뛰어오르는 현상을 이번 정부에서 여러 번 보았다.

언젠가는 부동산 가격이 안정될 것이다. 경제에는 기초 체력이 있기에 폭등 뒤에는 숨 고르기가 필요하다. 부동산을 사는 시민 입장에서 변한 부동산 가격이 익숙해지려면 일정 시간이 필요하다. 이런 연유로 "부동산 가격이 안정세로 돌아서고 있다"라는 정부 고위 관계자의 발언이 한순간의 사실이 될 수는 있다.

하지만 피할 수 없고 부인할 수도 없는 사실이 있다. 바로 이번 정부 들어서 부동산 가격이 일반 서민이 따라잡기 어려울 정도로 급등했나는 사실이다. 부농산 쏙능은 명백한 현실이다.

정부의 설명을 그대로 옮기자면 이렇다. 부동산 시장에 당신이나 사회가 미처 알지 못한 혹은 잊고 지낸, 아니면 오랜 시간 동면에 들어가 있던 강력한 반정부 세력이 있다는 것이다.

이 거대한 세력 탓에 정부의 정책은 매번 실패하고 있다. 정부와 여권은 총력을 다해 이들 반정부 투기 세력과의 전쟁을 치르고 있다. "투기 세력과의 전쟁에서 지지 않겠다." 대통령도 엄중하게 밝혔다.

부동산 시장은 단순한 투기의 장에서 정부와 거대한 세력 간의 전쟁터로 바뀌었다. 이제 부동산 시장은 단순히 물건을 사고 파는 시장이 아니라 국가의 역량을 동원해서 반국가 세력을 적발하고 처벌하는 정치, 통치 행위가 되었다. 정부는 모든 대책을 쏟아내 반정부 세력 박멸에 나섰지만, 현재 상황을 보면 정부의 힘은 역부족이다. 이들은 어디서 나타난 누구인가. 한국에 이런 세력이 있었던 것인가.

당신은 의아할 것이다. 한동안 보지 못한 세력이다. 이전 정부에는 부동산 경기가 급락해 마이너스를 찍기도 했다. 부동산을 폭등시킨다는 부동산 투기 세력은 그 당시에는 어디로 가 있었던 것인가. 햇수로 10년 가까이 한국에서 자취를 감춘 것 같던 부동산 투기 세력이 왜 이 정부에 와서 한바탕 난리를 치는 것인가. 누군가의 말처럼 이번 정부의 성공을 반대하는 세력이 일부러 부동산을 집중적으로 흔드는 것인가.

전직 대통령부터 정관계 고위 인사들을 줄줄이 구치소 담장 안으로 보내는 적폐청산 정국에서 이 정부에 맞서 싸울 반대 세력이 한국 사회에 과연 존재할 수 있는 것인가. 정부의 대책을 번번이 무력화하는 세력은 어디에서 나타났을까. 대체 한국 부동산 시장에 무슨 일이 있는 것인가.

팩트 체크부터 시작하자. 누구나 인정하듯 가짜 뉴스가 판치는 세상이다. 정부와 여권, 야당과 언론은 집값 상승 폭을 두고 늘 공방을 벌인다. 부동산 가격도 생물인 데다 부동산을 전수 조사한다는 것도 쉽지 않다. 언제부터인가 정부나 민간의 통계에 대한 신뢰도 점점 낮아지고 있다. 그러나 시간을 두고 보면 대략의 틀은 나오기 마련이다.*

이번 정부에서 서울 집값은 어느 정도 올랐을까? 경제정의실천시민연합이라는 시민 단체는 2020년 기준으로 이번 정부 출범 이후 3년간 서울 아파트 시세(중위 매매 가격, KB주택가격 동향 자료 기준)가 50% 넘게 올랐다고 주장했다. 이런 주장을 국토교통부는 부인한다. 14%가량(한국감정원 기준) 올랐다고 반박했다.

각각 다른 통계 자료를 두고 진실 게임을 벌이는 양상이다. 이를 중재하듯 서울 아파트 시세가 이번 정부에서 30% 정도가 올랐다는 분석을 내놓은 언론 보도도 나왔다. 상승 폭을 두고 정도의 차이가 있으나, 이번 정부 임기 3년간 서울 집값이 크게 오른 것은 명확한 사실이라는 점을 확인할 수 있다.

부동산 양극화는 더욱 심각하다. 2020년 8월 기준으로 서울 강남구의 아파트 평균 가격이 20억 원이 넘었고, 서초구는 19억 5,434만 원으로 20억 원에 육박하고 있다. 2020년 8월 언론 보도

---

* 이 책은 2020년 10월 말까지의 부동산 상황을 담았다는 점을 알려드린다. 이 책의 분석이 틀리지 않았다면 정부의 부동산 대책은 향후에도 이 글의 분석과 유사한 패턴으로 진행될 것이다. 미래는 어떤 면에서는 갑작스러운 것이 아니라 어제와 오늘이 만들어낸 결과물이기 때문이다.

내용이다.

부동산 전문 업체가 발표한 「서울 아파트 평균 매매 가격」 자료에도 서울 아파트 평균 매매 가격이 현 정부의 임기가 시작하자 급등한 것을 확인할 수 있다. 2013년에서 2015년까지 5억 원대였던 가격대가 정부가 임기를 시작한 2017년에는 7억 원을 넘더니, 2018년에는 8억 원, 2019년에는 평균 매매 가격이 9억 원대에 올라섰다. 2020년 7월 말에는 10억 원을 돌파했다. 서울에서 아파트를 사려면 평균적으로 10억 원이 필요하다는 이야기다. 현 정부가 들어선 뒤 집값이 폭등한 것이다.

정부의 반박도 있었다. '서울 아파트 평균 10억 원'은 수십억대의 고가 강남 아파트 탓에 생긴 착시 효과라는 것이 정부 측 주장이다. 국토교통부 장관은 "몇 개 아파트를 모아서 10억 원이 넘는 수치를 갖고 서울 전체인 것처럼 기사를 썼다"라고 비판했다. 여당 의원도 "가짜 뉴스로 부동산 시장을 교란하는 세력을 잡아내야 한다"고 목소리를 높였다.

서울 아파트 가격이 그렇게 폭등하지 않았다는 주장이다. 나름의 근거가 있겠으나, 여러 통계와 숫자는 정부의 주장을 재반박한다. 검증에 나선 언론은 강남 3구를 제외하고 서울 나머지 지역에서도 '10억 원 클럽'에 가입한 고가 아파트가 상당수라는 보도를 이어갔다.

정부의 반박이 자신들이 확인한 부동산 현실과 다르다는 것이었다. 실제 2020년 하반기, 서울에서 상대적으로 집값이 낮은 노도강(노원구, 도봉구, 강북구) 지역도 10억 원 클럽(전용·84㎡)에 가입했다. 정부 측 반박과는 달리 서울 평균 집값이 10억 원이 넘었다는 사례가 다양하게 제시됐다.

현실의 상황이 이렇게 전개되자, 정부의 부동산 대책이 20여 차례 이어진 시점에서도 앞으로 '집값이 다시 떨어질 것인가'란 의문을 담은 보도가 심심치 않게 나오고 있다. 겁에 질려 물건을 충동적으로 구매한다는 패닉 바잉Panic buying 현상을 우려하는 분석이 신문 지상에 소개되기도 한다. 부동산 폭등이 시민을 경제적·심리적으로 힘들게 하는 것이다.

부동산 폭등의 문제가 부자, 즉 가진 이들을 비난하거나 책임지게 해서 끝나는 평면적인 문제일까. 부동산 폭등이 일부 계층의 자산 가치 상승에 그친다면 이는 세금 폭탄을 부과하는 징벌적 과세 체계로 간극을 해결할 수 있을지 모른다. 하지만 부동산 폭등이 초래하는 심각한 문제는 바로 시민의 삶 근간을 위협한다는 것이다.

경제 전문 시민 단체의 분석에서도 이번 정부의 부동산 상황, 시민의 삶을 위협하는 위태로운 현상을 읽을 수 있다. 25평형 아파트는 대표적인 중산층의 주거 형태인데, 2017년 5월부터 2020년 5월까지의 변동에 대해 시민 단체가 조사해보니 이번 정부에서 25평형 아파트 가격 상승 폭이 김영삼 정부 이후 최대라는 조사 결과가 나왔다.

1990년 이후의 역대 정부 가운데 아파트 가격이 가장 크게 오른 정부가 지금의 정부라는 분석이다. 김영삼 정부 이후로 최대 폭으로 오른 것이다.

> 서울 소재 34개 대규모 아파트 단지 8만여 세대의 아파트값 시세 변화를 분석한 결과, 문재인 정부 3년(2017년 5월~2020년 5월)간 25평 아파트값의 상승액은 4억 5,000만 원으로 김영삼 정부 이후 역대 정권과 비교해 가장 많이 올랐다.*
>
> 경실련, 2020년 7월

시민 단체가 발표한 이번 정부의 아파트 가격 상승 폭을 기준으로 하면 역대 정부의 부동산 가격은 안정적인 것처럼 보이는 착시 효과를 줄 정도다. 부동산 세력, 토건 세력이라고 비판받던 이명박 정부 당시는 되레 부동산 가격이 내렸다.

이명박 정부 임기 초와 임기 말을 비교하면 집값이 1억 원 떨어졌다. 박근혜 정부 때는 임기 초 6억 6,300만 원에서 임기 말 8억 4,200만 원으로, 임기 전후를 비교하면 1억 7,900만 원이 올랐다. 지금 정부에서의 부동산 상승분과 비교하면 절반에도 미치지 못한다. 당시 정부는 총리까지 직접 나서서 시민에게 집을 사라고 주문했었다는 점을 상기하면 이는 현재의 시점에서는 이

---

* 「민주화 이후 역대 정권 서울아파트 시세 변화분석」, 경제정의실천연합 홈페이지, 2020년 7월 21일.

해하기 어려운 소폭 상승이다.

"4억 5,000만 원." 시민 단체가 발표한 이번 정부 3년간 서울 대규모 단지의 25평형 아파트 평균 상승 가격이다. 이번 정부에서 아파트 가격이 비슷한 상승세를 보인 정부는 노무현 정부 때였다. 집값이 3억 7,000만 원 상승했었다.

지금의 추세로 진행된다면, 정부의 임기 말에는 현 정부가 역대 정부 가운데 부동산 가격이 가장 폭등한 정부로 기록될 가능성이 크다. 정부가 무던히 노력한 것 치고는 성과는 좋지 않다.

부동산 가격을 잡고 시민의 삶에 도움을 주겠다고 밝힌 정부였지만 결과는 오히려 더욱 반대로 나타나고 있다. 정부의 노력과는 무관하게 시민의 삶은 극도로 피폐해질 것이 예상되는 순간이다.

당연한 상황이지만, 서울의 무주택 시민이 서울에 집을 사기는 너무 어려워졌다. 서울 시민이 자신이 원하는 보다 안락한 지역으로 이사 가기도 힘들어졌다. 국내 은행의 발표에 따르면, 2017년에는 시민이 월급을 한 푼도 쓰지 않고 모으면 10.9년이면 내 집 마련의 꿈을 이룰 수 있었다. 그러나 2020년에는 14.2년으로 그 기간이 늘어났다. 심각할 수밖에 없다.

## 부동산 불꽃 폭등

이번 정부 3년간 강남과 비강남의 격차는 더욱 커졌다. 서울 강남의 부동산 가격은 비非강남 지역과 비교해 상대적으로 더 많이 올랐다. 서울 부동산의 상승에도 지역별 격차가 상당했다.

2020년 7월 말 기준, 2017년부터 3년간 집값이 가장 많이 오른 곳은 강남 3구(강남구, 서초구, 송파구)와 용산구로, 송파구 아파트 중위가격은 3년간 83%, 용산구 79%, 강남구 67%, 서초구 64%가 올랐다. 2020년 기준, 이들 지역 아파트 중위가격은 강남구(18억 3,000만 원), 서초구(17억 7,000만 원), 송파구(14억 9,500만 원), 용산구(13억 9,000만 원) 순이다.

"내가 살아봐서 아는데, 모든 국민이 굳이 강남에 살아야 할 필요는 없다"라며 청와대 전직 고위 관계자가 강남살이를 두고 한마디 남겼지만, 이제는 굳이 살려고 해도 급등한 집값 탓에 살아보기가 불가능한 지역이 되었다.

이번 정부 이후 강남은 대부분 시민이 쉽게 꿈꾸지 못할 지역이 됐다. 봉쇄된 강남몽夢, 가로막힌 강남 진입 꿈이다. "강남 수요에 대한 대비가 부족한 거 아니냐"고 묻는 기자의 질문에 "강남이 좋습니까?"라고 반문한 국토교통부 장관은 이런 폭등의 데이터들을 보면 어떤 생각을 할까. 여전히 정부 대책에 문제가 없다고 여기고 있을 것인가. 혹은 문제가 없어진다고 생각하고 싶은 것이었을까.

국토교통부 장관은 부동산이 폭등한 와중에도 정부의 대책이 조만간 혹은 머지않아 효과를 발휘할 것이라는 의견을 거듭 피력했었다. 정부와 여당은 부동산 가격이 오르는 이유를 두고,

3년도 더 지난 정부의 부동산 대책이나 코로나-19로 인한 저금리 효과 탓이라는 입장을 밝힌 바 있다.

서민 주거 안정을 전면에 내세운 이번 정부에서 오히려 부의 양극화 현상이 극심하게 나타난 것이다. 정책의 배신이라고 할 만큼, 정부의 완벽한 실패다. 하지만 정부는 자신의 잘못이 아니라고 거듭 밝힌다. 대신 정부와 정치권은 한국 사회에 불온한, 불순한 누군가가 있다는 주장을 거듭 내세운다.

집값을 폭등시킨 주범은 누구인가를 추적하기 전에 정부가 국내 부동산에 해온 여러 대책을 시계열로 추적해보자. 면밀한 현미경적 조사는 아니라도 사안을 큰 틀에서 꿰뚫는다면 어느 정도 사실에 근접할 수 있을 것이다.

정부는 2017년 8·2 대책, 2018년 9·13 대책, 2019년 12·16 대책, 2020년 6·17 대책, 7·10 대책 등 5번의 종합 부동산 대책을 포함해 총 20번이 넘는 부동산 대책을 발표했다. 2020년 10월까지의 일이다. 3년간 우리나라의 집값 상승 추세는 강풍 속 산불 형국이었다.

소방관 역할에 나선 정부가 급등 지역을 상대로 진화를 하겠다고 부동산 대책을 내면 일순간 폭등 현상이 잦아드는가 싶다가도 어느새 폭등의 불씨가 다른 지역으로 옮겨가는 확산의 연속이었다.

부동산 상승이라는 불길이 서울, 수도권을 휩쓸고 다니는 형국이었다. 서울의 강남 지역에서 옆 동네인 송파, 서초로 불이 붙나 했더니, 서쪽의 마·용·성(마포구, 용산구, 성동구)으로 번쩍였다.

또다시 북쪽의 노·도·강(노원구, 도봉구, 강북구)으로 번지나 싶더니 영등포, 여의도를 돌다가 과천과 분당 등 경기권을 휘감았다. 신축과 구축, 매매와 전세 없이 모두 급상승했다.

정부 대응의 시작점은 부동산 불패라 불리는 서울의 강남 지역이었다. 부동산 대책을 처음 발표한 시기는 2017년 6월로 정부가 5월에 출범했으니 한 달 만에 내놓은 것이다. 6·19 부동산 대책이 바로 그것이다. 강남의 집값이 들썩일 조짐이 보이자 정부가 대응에 나섰다.

시기는 적절했으나 효과는 없었다. 오름세를 탄 강남을 비롯한 서울 일부 지역 집값은 6·19 대책 이후에도 안정될 기미를 보이지 않았다. 서울 강남 일대를 중심으로 한 핀셋 대책이 낳은 부작용이란 평가도 나왔다.

언론들은 "정부의 첫 부동산 대책은 사실상 실패한 셈"이라며, "공급 계획 등이 빠진 반쪽짜리 대책인 데다 투기 세력을 잡겠다는 엄포만 있었지 실효성 있는 대책이 빠졌다"라고 지적했다.

한 달 뒤, 부동산 정책을 관장하는 국토교통부 장관은 국회에서 "청약 시장이 과열되고 집값 불안이 계속된다면 관계 부처와 함께 강력하고 종합적인 대책을 마련해 즉각 시행하겠다"며 추가 대책을 준비하고 있다는 사실을 공개했다.

시장은 장관의 엄포만으로는 진정되지 않았다. 부동산 불길이 거세지자 언론에서는 6·19 대책이 낙제점이라는 기사가 나오기 시작했다. 7월 말이 되자 강남 재건축 단지를 중심으로 호가가 1억 원이 올랐다는 보도가 쏟아지기 시작했다. 급등 조짐이었다. 정부 출범 2달 남짓 때의 일이다. 시장과 언론에서는 강력한 추가 규제가 나올 것이라는 전망이 정부 관계자의 말을 통해 흘러나오기 시작했다.

대통령도 힘을 실었다. 부동산 가격을 잡으면 대통령이 "피자 한 판씩 쏘겠다"라는 덕담 아닌 덕담을 던지며 정부 부처의 강력 대응을 주문했다. 대통령이 웃으며 던진 말에는 배경이 있었다.

훗날 알려진 바에 따르면, 이번 정부는 이미 "역대 가장 강력한 부동산 대책"이라고 발표되는 부동산 대책을 준비하고 있었다. 대통령의 피자 한 판 이야기는 부동산의 정책적 성공을 자신한 데 따른 정치적 제스처였던 것이다. 이 정치적 제스처가 뼈아픈 오판이 된다는 것을 오늘의 한국 시민은 누구나 알고 있다.

2017년 8월 2일, 정부는 '8·2 부동산 대책'을 발표했다. 정부는 역대 가장 강력한 부동산 대책이라고 자부했다. 대통령도 8·2 대책 발표 이후 직접 나서서 "부동산 가격을 충분히 잡을 것이라고 확신한다"라고 밝혔다.

이번에 정부가 발표한 부동산 대책이 역대 가장 강력한 대책이기 때문에 그것으로 부동산 가격을 충분히 잡을 수 있을 거라고 확신한다. 지난 정부 동안 우리 서민들을 괴롭혔던 '미친 전세' '미친 월세' 등의 높은 주택 임대료 부담에서 서민들과 젊은 사람들이 해방되기 위해서라도 부동산 가격의 안정은 반드시 필요하다.

대통령, 2017년 8월

대책을 발표한 하루 뒤《조선일보》는 신문 1면에 「서울 아파트 '3중 자물쇠' 채웠다」는 제목을 채워 넣었다. "정부가 시장의 예상을 뛰어넘는 고강도 부동산 대책을 내놓았다"며 "세금, 대출, 청약 전방위 규제"라고 전날의 8·2 부동산 대책을 평가했다.

"정부가 쓸 수 있는 대책이 총망라됐다" "서울에서는 사실상 집을 사지 말라는 경고 메시지 같다" "서울 부동산 시장과 투기 수요에 가해진 전격 공습攻襲이자 집중포화"라는 여러 전문가의 의견까지 자세히 담았다.

정부도 언론도 틀렸다. 현실은 정반대였다. 모든 대책이 들어간 역대 가장 강력한 대책이라던 8·2 부동산 대책은 실패했다. 1년 뒤 "서초구의 한 아파트는 불과 10개월 만에 시세가 27억 원으로 뛰었다"라는 소식이 전해졌고, 역대급 대책의 초라한 결말을 세간은 이렇게 묘사했다. "집값을 잡아 서민의 근심을 덜겠다던 정부의 대책은 빈말이 된 대책"이라고 말이다.

부동산 가격이 치솟자 정부의 대책은 또 이어질 수밖에 없었다. 이듬해인 2018년 9월, '초강력 대책'이라는 9·13 대책이 이어졌다. 한 달 뒤 열린 국회 국정감사에서 국토교통부 장관은 집값이 안정화되고 있다고 밝혔다.

장관은 "9·13 대책은 2주택자부터는 주택담보대출 자체를 받을 수 없고, 1주택자도 거주 목적이 아닌 경우 고가 주택을 구매하지 못하게 한 것"이라며 "실수요자 중심으로 주택 시장을 개편하는 정책을 펴나가 주택 시장이 상당 부분 안정 국면으로 들어가기 시작했다"라고 말했다.

9·13 대책은 정부의 설명에 따르면, 이른바 강력한 틀어막기식 대책이었다. 실제 집을 사려는 1가구 실수요자의 대출 문턱도 높였고, 다주택자에 대한 주택담보대출 금지와 양도소득세 강화 등의 내용이 담겼다. 부동산 시장은 2019년에 접어들자 어느 정도 안정세에 들어가는 듯한 모습을 보였다.

국토교통부 장관은 "지난해 9·13 대책과 수도권 주택 공급 확대 등의 영향으로 최근 주택 시장은 하향 안정세이지만 오랜 기간 (이 추세가) 더 확실하고 굳건하게 자리 잡아야 한다고 생각한다"라고 평가했다. 그러나 정부의 부동산과의 힘겨루기는 이번에도 해피엔딩이 아니었다.

다시 부동산 폭등기가 돌아왔다. 2019년 하반기부터 부동산은 미친 집값의 본색을 드러내기 시작했다. 한국감정원 자료에 따르면, 2019년 6월을 기점으로 2019년 12월까지 27주 연속 집값이 상승했다. 또 재건축 단지가 밀집한 강남권을 중심으로 상승 양상을 보였다.

부동산이 안정화됐다는 정부의 발언은 허언이 되어버렸다. 시민의 실망감과 절박함은 점점 커지고 있었다. 부동산 시장은 또 정부의 대책을 무력화했다. 시민의 박탈감은 이와 함께 커갔다.

시민은 "부동산 가격이 직장 생활로 돈을 모아 살 수 있는 가격이 아니기 때문에 어떻게 해야 할지 막막하다"라는 심경을 토로했다. 부동산 폭등 앞에 선 시민의 모습이었다.

정부의 가장 강력한 대책들이 연속된 실패를 이어가고 있었다. 정부가 잇따른 실패로부터 무엇인가를 배워야 할 시점처럼 보였다. 전문가들도 부동산 폭등이 정부의 잘못된 정책 탓이라고 입을 모으기 시작했다.

그래도 변화는 없었다. 정부 입장을 지지하는 이들이 대거 나타나서 여론을 흔들었다. 시장 전문가들이 부동산으로 큰돈을 번 언론과 부동산 대기업, 투기 세력 등 기득권 토건 세력을 대변한다는 논리를 내세워 시장 전문가의 조언이 올바르게 가는 정부의 방향을 흔들고 있다고 역으로 비판했다.

오늘날 폭등에 폭등을 거듭한 한국 부동산 시장 상황을 고려해보면, 당시 부동산 전문가의 주장은 한낱 투기 세력이나 시정잡배에 비유되며 배격될 정도의 주장들이 전혀 아니었지만, 부동산 폭등의 현실은 가치와 가치가 충돌하면서 해결해야 할 현실은 뒤로 밀려버렸다.

정부의 부동산 정책은 계속된 정책 효과의 실패에도 방향을 바꾸지 않았다. 정부의 부동산 정책 방향은 정부 출범 이후 그 시작부터 변화가 없었다. 문자 그대로, 아주 일관된 방향이었다. 집이 돈이 되도록 하지 않겠다는 것이다.

부동산으로 흘러들어올 돈줄을 막고 부동산으로 번 돈에 고

율의 세금을 더 매겨서 부동산으로부터 얻는 수익을 없애고, 고가의 부동산에 높은 세금을 부과해서 부동산 자체가 사람들에게 살 이유가 없는 매력 없는 상품이 되도록 하겠다는 것이 주된 취지였다. 부동산에 대한 세금 강화와 자금줄과 각종 대출 옥죄기 등이었다.

그간 한국의 부동산은 정말로 악화됐다. 숱한 시도에도 뚜렷한 효과가 나타나지 않은 부동산 정책의 대전제를 바꾸거나 적어도 전면 재검토하는 것이 당연해 보였다. 상식적으로 보인 이런 의견에 대해 정부와 여당 정치인은 그렇게 생각하지 않았다.

둘 가운데 하나다. 실패의 원인을 모르거나 원인을 믿지 않는 것이다. 아니면 애초부터 그들만의 정답이 정해져 있기 때문일 수 있다.

## 강력한 실패의 연속

대통령이 직접 부동산 대책 속에 뛰어들었다. 대통령이 부동산 전쟁에 뛰어든 것은 2019년 11월이다. 8·2 대책 이후 한동안 부동산 정책에 대해 공개적인 언급을 하지 않았다. 그런 가운데 대통령이 직접 참석하는 '국민과의 대화'라는 행사가 열렸다. 국민과의 대화에서 부동산 문제는 필수적이었다. 한동안 잠잠했던 부동산은 다시 불타오른다고 할 정도였다.

대통령은 이 자리에서 "현재 방안으로 부동산 가격을 잡지 못

한다면 보다 강력한 방안으로 반드시 가격을 잡겠다"라고 약속
했다.

> 부동산 문제는 우리 정부에서는 자신 있다고 장담하고 싶다. […] 대
> 부분 기간에 부동산 가격을 잡아왔고 전국적으로 부동산 가격이 오
> 히려 하락했을 정도로 안정화되고 있다. 특히 서민들의 전·월세는
> 과거에는 정말 '미친 전·월세'라는 얘기를 했는데 우리 정부하에서
> 전·월세 가격은 안정돼 있지 않느냐. […] 현재의 방법으로 잡지 못
> 한다면 보다 강력한 여러 가지 방안을 계속 강구해서라도 부동산 가
> 격을 잡겠다는 말씀을 드리겠다.
>
> 대통령, 2019년 11월

대통령이 부동산 대책에 직접 뛰어들었다는 것만으로 부동
산 대책은 일종의 정치 행위가 되어버렸다. 정부는 2019년 12·16
대책을 내놓게 된다. 대통령의 '국민과의 대화' 이후 정부가 추가
부동산 대책을 마련한 것이다. 대통령이 이야기했으니 서두른 것
이라는 관측이 나왔다.

시장의 예상보다 정부는 빨리 움직였고, 다시 나온 대책도 강
력하다는 평가 일색이었다. 여전히 규제 일변도의 대책이었다는
점이 눈에 띄는 특징이었다. 다른 용도로 돈을 구해서 집을 사는
편법을 막기 위해 여러 차단막을 쌓았다. 세금·대출·청약·공급
대책을 망라해 필요한 규제 카드를 모았다는 평가가 나왔다. 전

세를 끼고 매물을 사는 갭 투자와 다주택자의 돈줄을 죄고 2년 안팎의 단기 투자를 막도록 양도소득세 비율도 높였다. 다시금 종합부동산세율 인상이라는 강력한 압박 카드를 꺼내 들었다. 강남 4구와 마포·용산 등에 적용된 분양가 상한제 지역도 서울 전역과 수도권으로 넓혔다.

해가 바뀌었다. 2020년 신년사에 대통령의 의지는 더욱 단호해졌다. "부동산 투기와의 전쟁에서 결코 지지 않을 것"이라는 표현이 등장했다. 대통령이 부동산 투기 세력과의 전쟁을 치르겠다고 선언한 것이다. 부동산 시장은 이제 물러나면 죽는 치열한 전쟁터가 된 것이다.

대통령의 언급으로 부동산은 정치 행위 가운데 핵심 현안으로 급부상했다. 이제 부동산 대책이라고 쓰인 것을 정치라 읽어야 하는 순간이 되기 시작했다.

> 부동산 시장의 안정, 실수요자 보호, 투기 억제에 대한 정부의 의지는 확고합니다. 부동산 투기와의 전쟁에서 결코 지지 않을 것입니다. 주택 공급의 확대도 차질 없이 병행하여 신혼부부와 1인 가구 등 서민 주거의 보호에도 만전을 기하겠습니다.
>
> 대통령, 2020년 1월

대통령은 며칠 뒤 신년 기자 회견에서도 "부동산 대책을 내놓으면 상당 기간은 효과가 있더라도 결국엔 다른 우회적인 투기 수단을 찾아내고 하는 것이 투기 자본의 생리"라며 "정부는 지금의 대책이 시효를 다했다고 판단되면 보다 강력한 대책을 끝없이 내놓을 것"이라고 밝혔다.

대통령은 그 뒤 국토교통부 업무 보고에서도 부동산 문제에 대한 강력한 대응을 거듭 주문했다.

> 국토교통부 업무에서 국민의 가장 큰 관심사는 역시 부동산 문제입니다. 실수요자는 보호하되 투기는 철저히 차단한다는 대원칙에 어떤 타협이나 정치적 고려도 있을 수 없습니다. 선거를 앞두고 있다고 해서 머뭇거려서는 안 될 것입니다. 어디든 투기 조짐이 보이면 투기를 잡는 확실한 조치를 취해주기 바랍니다.
>
> 대통령, 2020년 2월

정부의 부동산 대책은 이제 끝이 아니라 다시 출발선으로 올라서고 있었다. 정치는 현상의 이면을 볼 필요도 있다. 대통령까지 나섰지만, 부동산 가격을 안정시키지 못하면 대통령을 위시한 정치 세력이 타격을 받을 상황으로 변하고 있었기 때문이다.

아니나 다를까. 대통령의 등장과 함께, 정부의 부동산 대책에 대한 세간의 비판도 강해지기 시작했다. 야당과 시민 단체, 시장 전문가의 비판은 여전히 이어졌다. 이런 와중에 노무현 정부 당시 청와대 고위 관계자도 자신의 소셜 미디어에 현 정부의 부동산 대책에 대한 날이 선 비판을 내놓았다. 대통령의 부동산 인식이 문제가 있다는 지적이었다. 정부의 부동산 대책이 실패하는 이유를 크게 2가지로 들었다. 하나는 부정확한 상황 인식, 다른 하나는 정치적 상황에 따른 오판을 거론했다. 부동산 정책의 실패 원인이 대통령과 측근에 있다고 분석한 것이다.

이 관계자는 "대통령 최측근 인사와 대화할 기회가 있었는데, 대통령이 일본처럼 우리도 집값이 곧 폭락할 테니 집을 사지 말고 기다리라고 이야기했다"는 내용을 전하면서 "대통령이 참모로부터 과거 잘못된 신화를 학습했다. 큰일 나겠다 싶더라"는 의견을 내놓았다.

부동산 탓에 세상은 들끓었으나 정부는 한 발짝도 물러서지 않았다. 지금까지의 행적을 보면 당연히 그렇게 물러설 정부나 여당이 아니었다. 정부는 다시 추가 대책을 내놓게 된다.

2020년 6·17 대책이 발표됐다. 대책의 틀은 바뀌지 않았지만, 더욱 상하고 집요해졌다. 갭 투자와 투기 수요를 막겠다는 규제 일변도의 정책이 이어졌다. 6·17 대책의 핵심도 부동산으로 흘러가는 돈줄 옥죄기였다. 서울 전역과 수도권이 투기과열지구라는 레드존에 묶였다. 전년의 12·16 대책에서 나온 9억 원 초과 주택담보대출 축소 및 15억 원 이상 아파트에 대한 주택담보대출 금지 적용 지역이 확대됐다. 서울 강남구 삼성동·대치동·청담동, 송파구 잠실동 지역이 토지 거래 허가를 받는 구역으로 지정됐다.

신고가 아닌 당국의 허가를 받도록 했다. 허가로만 끝나는 것이 아니다. 부동산 매입 자금의 출처가 불분명하거나 증빙 자료가 의심스러운 거래는 당국의 조사를 받게 됐다. 이는 서울 지역에 처음 도입되는 규제 정책이었다.

대책은 여기서 그치지 않았다. 정부는 부동산 정책을 연이어 내놓았다. 6·17 대책이 나온 지 한 달도 되지 않아, 7·10 대책을 또 발표했다. 국토교통부 장관은 "취득과 보유와 양도, 전 과정에 걸쳐서 다주택이라든가 (부동산) 단기 투자에 대해서는 철저하게 수익을 환수하는 장치를 마련했다"고 자평했다. 부동산으로 수익을 얻는 일이 없도록 하겠다는 의미였다. 《조선일보》는 이 대책을 「다주택자 세부담 2배 '징벌과세'… 공급대책은 없었다」라는 제목의 기사로 다뤘다.

강경한 발언도 이어졌다. "주택 시장에서 불로소득을 얻겠다, 이런 것들은 이제는 가능하지 않다. 가능하지 않게 하겠다"라는 발언도 장관의 입에서 흘러나왔다. 부동산으로 돈을 벌면 안 된다는 새로운 기준이 정치인의 입에서 여과 없이 나왔다. 부동산 가격 인상을 막겠다는 장관의 발언이지만, 시장 경제를 부정하는 발언이라는 점에서 논란이 됐다.

모든 재화가 여건에 따라 '+ , -'의 가치가 생긴다는 것은 시장의 자연스러운 원리나 정부가 인위적으로 그 가치를 없애겠다고 밝힌 것이다. 보이지 않는 손을 송두리째 무시하는 정부의 발언이었다.

정부의 강경 발언에도 부동산은 하늘을 향해 오르고 있었다. 정부의 '정신 승리'라고 해야 할 장면이다. 부동산 폭주를 막지 못하는 부동산 대책이 이어진 지 3년이 지나자 부동산 대책은 시장에서 부작용을 나타내기 시작했다.

정책의 부작용으로 피해를 본 시민의 반발이 거세지기 시작했다. 시민은 정부 대책에 대해 목소리를 내기 시작했다. 여기에다 여당이 부동산 관련 법을 국회에서 단독으로 통과시키자 시민의 불만 목소리는 더욱 커져갔다. 여론은 쉽게 진정되지 않았다. 부동산 정책은 이제 여의도로, 광화문 광장으로 불똥이 튀기 시작했다. 이번 정부 임기 동안 집값은 너무 올랐고, 5번이든, 20번이든 정부의 부동산 대책은 돌이킬 수 없을 만큼 실패했다.

다시 이번 정부 들어서기 전의 부동산 상황으로 돌아가기는 어려워 보였다. 모든 것이 3년 사이에 일어난 일이었다. 누가 봐도, 부동산 정책에 뛰어든 대통령의 결단이 필요한 순간으로 보였다.

두 갈래의 길밖에 없어 보였다. 사과하고 되돌아서거나 끝까지 밀어붙이는 두 갈래의 길이었다. 3년간의 숱한 패착으로 후자의 선택은 무모해 보였다. 하지만 정면 승부냐 회피냐의 기로에서 대통령은 확고부동을 선택했다. 정부의 부동산 정책이 전혀 바뀌지 않을 것이라는 점을 분명히 했다.

주택 문제가 당면한 최고의 민생 과제가 되었습니다. 되풀이되는 주택 시장의 불안에 대해 정부·여당은 시장의 예상을 뛰어넘는 전방위적이며 전례 없는 수준의 대책을 마련했고, 국회 입법까지 모두 마쳤습니다. 이제 정부가 책임지고 주거 정의를 실현해나가겠습니다.

실수요자는 확실히 보호하고, 투기는 반드시 근절시키겠다는 것이 확고부동한 원칙입니다.

대통령, 2020년 8월

주사위는 던져졌다. 정부는 부동산 정책의 방향을 남은 임기까지 계속 끌고 갈 것이다. 대통령의 말처럼 확고부동이다. 부동산 정책을 총괄하는 장관은 역대 최장수 국토교통부 장관이라는 진기록에 올랐다.*

시민 사회도 반발했다. 한 시민 단체는 정부의 부동산 폭등이 최장수 장관 탓이라며 경질을 주장하는 논평을 냈다. 이는 야권의 비판과는 또 다른 무게를 가지고 있었다. 그러나 과연 장관탓일까. 시민 단체는 본질적으로 부동산 폭등의 실패에 대한 책임을 대통령에게 묻고 있었다.

정부가 한 치도 물러서지 않으면서, 부동산 정책은 점점 경제에서 정치로 변모됐다. 야권도 개입하고 시민 사회도 나서고 시민들도 광장에서 외치기 시작했다.

정치가 경제를 본격적으로 포획했다. 경제가 정치에 포획되면 많은 것이 변한다는 사실을 염두에 둬야 한다. 정치화된 경제는 단순한 경제 현상이 아니라, 하나의 물러설 수 없는 정치적 목표를

---

* 해당 장관은 2019년 개각 대상이 됐으나 후임 장관 후보가 다주택 논란 끝에 자진사퇴하자 유임됐다. 이후 2020년 말, 지방 부동산 폭등 조짐과 초유의 전세 품귀 현상이 불거지자 국토부 장관은 개각 대상에 오르게 된다.

향한 강제성을 지닌 방향이 된다. 정부와 여당은 부동산 정책에 대한 세간의 거센 비판을 받아들일 기색이 전혀 보이지 않는다.

오히려 지금까지 추진해온 방향에서 부동산 정책에 대한 고삐를 한층 더 조일 것으로 전망된다. 정부와 여당은 3년간 이어온 세금 부과라는 징벌적 체계의 부동산 정책을 극대화하는 방향으로 목표를 잡고 있다는 점을 곳곳에서 확인할 수 있다.

부동산 민주화라는 부동산 정책에 대한 정치적 작명까지 진행되고 있다. 이제 이번 정부의 부동산 대책은 경제가 아니라 정치다. 정부의 부동산 정책이 부동산 민주화라는 이름의 정치로 재탄생되고 있다.

부동산 민주화는 부동산 대책일 때와 달리 확연한 선과 악의 개념이 생기게 된다. 피아 구분, 적과 적이 아닌 세력으로 세상을 이분화하게 된다. 부동산 정책을 주장하는 이는 선善의 집단이 된다. 정책에 반대하는 이들은 악惡이 된다.

오늘의 부동산 현상을 이해하려면 정치를 알아야 한다. 현재 부동산 정책은 단순한 경제 정책이 아니다. 완연한 정치 행위에 포획되어버렸다. 한 언론에 부동산 민주화를 이야기한 추격 집단에 속한 익명의 정치인은 의미심장한 한마디를 남겼다.

"칼을 뺀 이상 끝을 봐야 하는 것", 이것이 부동산 정치다. 부동산이라고 쓰고 정치라고 읽어야 한다.

# 다주택자 청산 광풍

## 희생양을 찾다

강력한 힘을 지닌 정치는
엉뚱한 결과를 초래합니다.
정치는 신경질적인 괴물입니다.
당신이 피해자가 될 수 있습니다.

# 난폭한 정치

정치는 신경질적인 괴물이다. 정부가 리바이어던이라면, 정치 역시 적어도 리바이어던에 필적하는 공격력을 가진 괴물이다. 정부가 만인에 대한 투쟁을 종식시킬 강제력을 가진 힘의 집합체이듯, 정치 역시도 이에 필적하는 힘을 가진 집합체다.

정치사상가 토머스 홉스에 따르면 리바이어던은 사회 계약에 의해 탄생한 '유한한 생명력을 가진 신神, Mortal God'이다. 시민이 필요에 의해 인위적으로 만들어낸 괴물이다. 정부가 안정된다면 리바이어던의 권력 행사는 예측 가능한 선, 즉 법률에 따라 진행되기에 시민은 자신의 자유를 제한된 선에서 최대한 누릴 수 있다. 그 집행을 따지는 데 여러 법적인 절차를 거쳐야 하기에 시민의 자유는 함부로 훼손될 여지가 그만큼 적어진다.

정치는 리바이어던과 유사하기도 하지만 어떤 면에서는 다른 성향의 괴물이다. 정치는 2가지를 가지고 있다. 기존의 사회 계약을 따르기도 하지만 다른 형태의 사회 계약을 만들어내는 힘도 있다. 사회 계약은 사회의 구성원이 합의한 계약 체계다. 이를 바꾼다는 것은 사회 구성원 안에 상당한 갈등이 진행될 수도 있다는 것을 의미한다.

특정 정치 세력은 기존의 사회 계약을 유지하는 측면이 강하고, 어떤 세력은 다른 사회 계약을 만들어내려는 의지가 강할 수 있다. 정치 집단은 대부분 기존의 사회 계약에 따라 합법적 제도권 권력을 획득하기 위해 경쟁하기도 하지만, 사회가 혼란에 빠져 있을 때는 자신의 집단에 유리한 사회 계약을 성사시키기 위해 위법적인 집단행동을 감행하기도 한다.

정치 집단은 다양한 스펙트럼을 보여준다. 정치 집단은 한계적인 자원을 획득하려는 공격적인 집단이다. 한계적 자원이란 다이아몬드나 금은이 아닌 리바이어던을 조종할 수 있는 제한된 자원, 즉 국가 권력이다. 이들 정치 집단은 강력한 지향과 목표 의식을 가진 존재들이 대부분이다. 목적 지향성도 강해서 정치적 진로를 개척하는 데 상당한 시간과 노력을 들인다.

예를 들어 강력한 정치 집단이 가려는 길에 거대한 바위가 막혀 있다면 많은 집단이 이를 회피하지 않고 돌파하기 위해서 자신이 동원할 수 있는 자원을 모두 쏟아붓게 된다. 정치가 가진 직진성이고 어떤 면에서는 강박성이다.

대통령 선거의 경우 당선 확률이 낮아도 많은 정치 집단은 대선이라는 경기장에 뛰어든다. 많은 정치가 막힌 바위를 되돌아가지 않는다. 정치 집단에서 지향점은 무엇보다 중요하다. 정부가 사회 계약을 통해서 만들어진다면, 정치 집단은 특정 지향점을 목표로 공유하는 결사체다.

정치 집단은 승자독식 원칙에 의해 길러지고 지배받는 세력이다. 이긴 세력이 모든 것을 가지는 게임의 룰이다. 돌파에 성공하면 절벽을 넘어 로마 앞마당에 도착한 한니발 장군이 되지만 실패하면 많은 희생만 남게 된다.

정치는 실패 앞에 굉장히 민감한 괴물이다. 그래서 성난 정치는 자신의 앞길에 걸림돌이 없어지지 않으면 주변의 다른 것들을 해치우거나 희생시킨다. 실패가 계속되면 스스로 화살을 자신의 몸에 꽂기도 한다. 자신의 세력을 희생양으로 삼기도 한다. 온몸에 화살이 꽂힌 정치 괴물이 만들어내는 부작용이다.

정치가 이번에 맞닥뜨린 거대한 바위는 부동산이다. 20여 차례 마련한 부동산 정책이 제대로 효과를 내지 못하자, 정치는 신경질적인 괴물로 바뀌기 시작했다. 괴물은 부동산 폭등이라는 거대한 바위를 뚫지 못하자, 여러 제물을 찾아 나서기 시작했다. 정치라는 힘은 길들인 맹수라고 많은 이가 생각하지만, 여전히 야생의 힘이 강하다.

정치 집단이 제시한 지향점은 군중으로부터 거대한 힘에 의해 사회적 추동력을 받게 되는데, 지향점이 잘못되거나 지향점에 도달하기 어려워지면 부작용이 발생하게 된다. 정치 집단도 이 단계에 접어들면 자신이 제시한 지향점과 관련된 정치의 힘이라고 해도 제어하지 못하게 된다.

정치가 던진 부메랑이다. 목표를 잃은 부메랑은 자신이 날아온 출발 지점을 덮친다. 부메랑이 오히려 던진 이를 상처 주는 사건은 자주 일어난다. 부동산 정책이란 강력한 부메랑도 마찬가지다. 부동산 폭등을 잡겠다는 지향점 앞에 거대한 바위가 있는 상황이었다.

게다가 정부는 거듭 정책을 내놓았으나 실패했다. 부동산 문제는 해결될 기미가 보이지 않았다. 목표를 잃은 부동산 정책이 얼마나 많은가. 여러 번의 정책이 임기 초부터 숱하게 허공으로 던져졌다. 부동산 가격은 정부 대책은 신경 쓰지 않는 듯 호기롭게 올랐다.

여론만 악화됐다. 여론이 악화될수록 책임을 피하고자 한 정치 집단은 지지층 맹수를 자극하기 시작했다. 여론몰이다. 화살 꽂힌 맹수가 풀려났다. 주무 장관은 물론 언론, 여당 정치인들이 부동산 정책을 방해하는 세력이 있다며 이를 적발해야 한다고 거듭 주장했다. 사회 어딘가에 우리의 목표를 방해하는 바위가 있다는 시그널을 계속 날렸다.

정치가 방출한 맹수는 곳곳에서 으르렁거리기 시작했다. 정치인은 자신과는 무관한 세력들이 덫에 걸리기를 바랐을 것이다. 하지만 맹수의 앞발톱에 찢긴 이는 공교롭게도 대통령의 최측근이자 대통령의 입, 현직 청와대 대변인이었다. 전직 기자 출신으로 청와대에 입성한 대변인이 은행 대출 10억여 원 등을 합해 25억 원대의 흑석동 재개발 지역 상가 건물을 매입해 부동산 매매에 나선 사실이 드러났다. 그 사실은 공직자 정기 재산 공개를 통해 알려졌다.

대통령의 최측근이 청와대 관사에 살면서 은행에서 자신의 자산 대비 많은 자금을 끌어와 부동산 매매를 했다는 사실이 드러나자 여론이 들끓었다. 역설적이게도 부동산 투기에 대한 비판 여론은 이미 정부가 충분히 가열해둔 상황이었다.

야당은 "다주택 보유를 죄악시하면서 수단과 방법을 가리지 않고 부동산을 규제하고 정말 필요한 서민 대출까지 막았다. 그런데 대변인 본인이 청와대에 들어가니 부동산의 귀재가 됐다"라며 "위선 끝판왕을 경질하라"고 비판했다.

지속적인 정치 시그널로 자극을 받은 거센 여론은 이러한 상황을 참고 지나가지 않았다. 그가 아무리 대통령의 최측근이라 해도 말이다. 여론의 거센 질타 속에 대통령의 가장 신뢰받는 참모로 불렸던 청와대 대변인은 논란 하루 만에 전격 사퇴한다.

그는 "내 집 마련에 대한 남편의 무능과 게으름, 그리고 집 살 절호의 기회에 매번 반복되는 '결정 장애'에 아내가 질려 있었다" "아내가 저와 상의하지 않고 내린 결정이었다"라는 메시지를 남기고 청와대를 떠났다. 부동산 부메랑에 직격탄을 맞은 그는 이후 국회의원 선거에서 추격 집단의 본성인 여당 소속으로 도전하려 했지만, 여당 입성은 좌절됐다.

한 방송에 나온 시민 단체 대표는 이 사건을 두고 "한국사의 민낯이 드러났다고 봐요. 우리가 흔히 말하는 청와대나 정부 여러 곳, 또 사회 곳곳에 포진하고 있는 586들이 가지고 있는 멘탈리티라고 할까요? 그것도 드러났고요. […] 저는 참 너무 답답하고, 너무 마음이 아프더라고요"라고 평가했다.

정부가 부동산 시장을 잡겠다고 내놓은 대책들이 결국 자기 발목을 잡는 셈이었다. 정부가 다주택자이거나 재건축 아파트를 사는 사람들은 모두 투기 세력이라 판단해 칼날을 들이댔는데 이런 정부의 대책이 역효과를 낸 것이라는 분석이 나왔다. 한 언론은 이런 정부 대책과 배치되는 다주택 참모와 새롭게 부동산을 매입한 정치인이 투기 세력으로 지목되는 부메랑 효과를 낳았다고 평했다.

1년 뒤, 부동산 부메랑이 청와대를 향해 맹렬히 날아온다. 다시 돌아온 부메랑은 더욱 강력했다. 대통령 비서실장과 비서실 직속 비서관이 줄줄이 사표를 냈다는 소식이 전해졌다. 청와대 참모가 집단 사표를 냈다는 속보가 급하게 타전됐다. 이 정부 들어 처음이었다. 사표의 발단은 다름 아닌 부동산 부메랑이었다.

다주택 논란이 다시 청와대를 덮쳤다. 정부가 부동산 가격을 잡기 위해 던진 규제 일변도의 대책이 되레 청와대 인사를 향해 꽂힌 격이었다. "청와대 수석들이 일괄 사의라는 카드를 꺼낸 것은 청와대 다주택 참모진들로 인해 악화된 여론을 의식한 것"이라는 소식이 전해졌다.

대통령 비서실장은 이미 여론으로부터 거센 비판을 받은 상황이었다. 정치인 출신의 비서실장은 서울 반포와 충청북도 청주의 아파트 가운데 서울이 아닌 청주의 아파트를 팔겠다고 밝혀 거센 질타를 받았다. 이렇게 재차 청와대를 덮친 부동산 이슈에 청와대는 핵심 참모도 바꿔야 했다. 강남에 아파트 2채를 보유하고 있다는 일부 참모의 사례가 오르내렸다.

사표가 반려된 비서실장의 사례처럼 집이 여러 채라도 여분의 집을 팔고 자신이 살 집 1채만 남기겠다고 하면 다른 참모들의 사표도 반려될 수 있었다. 그러나 청와대 직職 대신 집을 택하는 참모가 다수였다. 다주택 상황에서 집을 팔면 이번 정부가 올려놓은 세금을 부담해야 하는 데다 다시 강남에 입성할 기회가 없어질 것이기 때문이라는 분석이 나왔다.

참모들 각자 사정은 다르겠으나 대부분 청와대 자리 대신 집을 택한 것은 이전 정부에서는 보기 힘든 진풍경이었다. 한 신문은 집 안 판 참모들이 줄줄이 물러났다는 분석과 함께 청와대 참모 8명 결국 '직보다 집'이라는 제목을 내세웠다.

사표가 처리된 이들을 대신해 새롭게 청와대에 들어선 참모 가운데 다주택자는 당연히 아무도 없었다. '0'명이었다. 다주택자는 안 된다는 청와대의 인사 기준을 입증하듯 새 비서관 모두 1주택자라는 분석이 나왔다. 언론도 이를 중요 뉴스로 타전했다.

부동산 부메랑이 청와대의 인사를 새롭게 했다. 1주택, 무주택이 정치인들의 새로운 덕목으로 떠올랐다. 그러나 부동산 불길이 강남을 넘어 마포를 지나 강북을 훑은 뒤 다시 강남으로 오듯, 수십 번의 부동산 대책이 쏘아 올린 부메랑은 청와대만을 청산 목표로 삼지 않았다.

정부 고위 각료도 부메랑 타격에서 예외가 아니었다. 장관 18명 중 절반이 다주택자라며 청와대의 인사 검증 시스템이 고장 났다는 주장이 제기됐다. 앞서 언급한 경제 전문 시민 단체가 발표한 내용이다. 이 단체 관계자는 "부동산 문제의 가장 큰 원인은 대통령이 부동산 부자인 장관들만 계속 임명해왔다는 것"이라며 부동산 부자富者 장관의 경질을 요구했다.

정치인도 다주택 몰이의 대상이 됐다. '민주당 의원 42명이 다주택자라는 분석과 함께 다주택 처분 서약을 이행해야 한다'는 시민 단체가 발표한 내용이 관심을 끌었다. 민주당 소속 의원들이 다주택 처분 서약을 이행해야 한다고 주장한 것이다.

국무총리 명령에 불어닥친 관가의 다주택자 청산 광풍도 눈길을 끌었다. 총리가 다주택 고위 공직자는 조속히 집을 매각할 것과 함께 부처별로 고위 공직자의 주택 보유 실태 점검 명령을 내렸다는 소식이 전해졌다.

차기 대권 주자로 떠오른 정치인도 동참했다. 경기도지사는 아예 다주택 공직자는 인사에 불이익을 준다는 방침을 공개했다. 정부안보다 더 강력한 다주택 공무원 제재 방안이다. 도지사는 4급 이상 공무원과 공공 기관 임원에게 "연말까지 실거주 외 주택을 모두 처분하도록 강력 권고했다"고 한다.

선거가 다가온다. 많은 정치인과 고위 관료들은 사회 저변에 흐르기 시작한 다주택 청산 광풍에 휩쓸리게 될 것이다. 하지만 더 큰 문제는 시민인 당신이다. 정치인이나 고위 관료보다 더 답답한 것은 당신일 수 있다.

급작스러운 사회 변화에 시민은 정치나 관료 엘리트 계층보다 더 취약할 수 있다. 인위적으로 만든 규제가 의도치 않은 대상에게 의도치 않은 규제의 대상이 될 수 있다는 말이다.

시민도 매서운 다주택자 청산 광풍의 직격탄을 맞을 수 있다. 어쩌다 다주택자도 시민이고, 부동산에 몰리는 돈을 보고 갭 투자를 한 3040대 부부도 사실은 힘없는 시민이다. 부동산 폭등이라는 현상 속에서 물정 모르고 조바심으로 뛰어든 이들일 수 있다.

정치는 관용을 베풀지 않을 것이다. 부동산 정치에서 다주택자는 악의 개념으로 접근해야 하는 존재가 됐기에 어쩌다 다주택자가 된 시민이라도 보호하거나 구제해주지 않을 것이다. 나쁜 존재이기 때문이다.

거리에 나선 시민의 목소리를 들어보자. 이들은 "일반 서민을 정부가 범죄자로 만들었다"며 "정부의 부동산 대책이라는 무분별한 규제의 피해자가 됐다"고 목소리를 높였다.

이들은 부동산 인터넷 커뮤니티에 자신의 사연을 올리기 시작했다. 가두시위에 참석했다는 한 시민은 "앞으로 얼마나 많은 피해자가 생길지 가늠도 되지 않는다. 서민이 집을 사는 것, 부모님 집을 내 명의로 대주는 일이 잘못된 것이냐"고 목소리를 높였다. 피해 사례도 각양각색이다.

"2018년에 평택에 있는 미분양 아파트를 계약했다"는 평범한 주부라고 밝힌 이 시민은 "6·17 대책으로 조정 대상 지역이 되면서 잔금 대출의 주택담보대출비율이 떨어져 잔금을 치르지 못할 위기에 놓였다"면서 사연을 인터넷 커뮤니티와 세간에 공개했다.

다주택자를 잡으려는 정부 정책이 시민에게 예상치 못한 큰 시름을 안겨주고 있다. 현실적으로 치솟는 부동산 가격도 안정화하지 못한 정부 대책이 애먼 피해마저 입히는 격이다. 물론 민주주의가 제대로 작동한다면 시간이 지나 시민의 반발에 직면한 제도는 곧 사라질 것이지만 그간의 피해는 시민의 몫이다.

정부의 정책이나 정치의 성공도 중요하지만, 한국 사회가 유념해야 할 것은 한 명의 시민이다. 정치는 시민을 위한 것이다. 정부 정책에 의해 한 명의 시민이라도 정신적·물질적 피해를 입게 되면 그것이 과연 옳은가라는 문제가 남는다.

"대의를 위해서 한 명의 시민은 희생되거나 피해를 받아도 되는가"라는 질문이다. 정부의 정책이 시민에게 유무형의 피해를 줘도 되는가. 그 시민이 당신이라면? 부동산 부메랑은 한국 사회의 공정과 정의를 다시금 고민하게 한다.

## 권력 서열 0순위

배후 세력 음모론(이하 배후 세력론)은 정치인이 자주 동원하는 얄팍한 정치 수법이다. 한국 정치에서 음모론, 특히 배후 세력론은 오늘날까지도 강력한 생명력을 잃지 않고 있다. 배후 세력론은 한국 정치에서 박멸되지 않는 불치병 같은 존재다. 쉽게 이해할 수 없는 사건이 벌어지면 여전히 시민은 인터넷 댓글에 배후 세력이 있다는 주장을 쓰기도 하고, 누군가가 펼쳐놓은 그럴듯한 음모론 시나리오에 고개를 연신 끄덕인다.

정치를 조금 안다는 정치인들은 자신의 추론을 세간의 관심을 받을 수 있는 배후 세력론과 결부 짓는다. 자신의 추론이 더욱 강력하게 보이는 정치적 효과가 있기 때문이다. 물론 일부는 배후 세력이라는 존재가 실재한다고 믿거나 심지어는 배후 세력론을 주장하는 세력을 무조건 신뢰하기도 한다.

배후 세력론은 정치의 세계에서 자신들에게 유불리한 여론을 어떤 의미에서든 왜곡하려는 세력이 손쉽게 등장시키는 정치 공작 혹은 정치적 수법이다. 한국에서 배후 세력론이 강력한 힘을 얻게 된 것은 분단 체제라는 특수성 때문이다. 모든 나라에는 음모론이나 배후 세력론이 있다.

한국의 배후 세력론이 더 힘을 가지게 된 연원을 찾아 거슬러 올라가면, 분단 체제라는 특수한 정치적 환경을 빼놓을 수 없다. 북한이라는 실재하는 강력한 권력 집단, 한반도의 절반을 영유하고 국내 법은 존재를 인정하지 않지만, 국가 체제에 필적하는 강력한 집단이 있다는 현실은 배후 세력론에 강력한 힘을 불어넣었다. 북한이란 존재와 분단 체제가 한국 정치에 배후 세력론이 존재할 정치적 공간을 부여한 것이다. 게다가 북한은 전쟁을 일으킨 무서운 존재이며, 간첩을 남파해서 대한민국의 안위와 국민의 생명을 위협하는 실제적 세력이다.

북한이란 집단은 1950년 한국전쟁을 도발하면서, 전쟁을 경험한 세대나 전후의 폐허를 경험한 시민에게 강력한 트라우마를 안겼다. 북한은 두려운 존재였고, 두려운 존재로 정치적으로 시민에게 꾸준히 각인됐다. 북한이 보낸 간첩이나 북한을 추종하는 세력이 있다는 북한 배후설이 과거 국내 정치를 압도했다. 냉전이라는 세계적인 배경도 한몫했다.

국내 정치 세력은 북한이라는 존재를 적극 이용했고, 북한이란 존재는 정치적 소재가 됐다. 권위주의가 맹위를 떨치던 당시에는 북한이란 단어는 권위주의 정치 집단의 권력을 독점화하는 데 동원되는 강력한 명분이었다.

북한이라는 단어는 모든 방면에서 사용되었다. 학교에서는 훈육 방식으로 반공 교육이, 대학과 사회에서는 민주화 운동을 막는 방식으로 쓰이기도 했다.

근대화 담론에도 분단 체제는 강력한 담론이었다. 농촌에서는 북한 체제를 이기기 위한 새마을 운동으로도 발전되고, 산업 선진화는 북한과의 체제 대결이라는 강력한 동인 속에서 진행되기도 했다. 정치 담론에서는 정부에 반대하는 세력을 압박하고 배제하고 탄압하기 위한 명분으로도 쓰였다. 한국의 모든 곳에 북한이라는 글자가 존재했다.

상황은 변했다. 1997년 이후 세계화 흐름과 미디어의 발달, 북한의 침체, 전쟁을 전혀 경험하지 못한 세대가 사회의 주도층으로 떠오르면서, 무엇보다 한국이 북한과의 체제 경쟁에서 월등한 위치를 차지하자 사회 전반에서 북한에 대한 두려움이나 북한 트라우마는 점점 옅어졌다.

전쟁을 경험하거나 전후 세계의 피폐함을 어린 시절에 겪은 1940~1950년대생은 북한이란 존재에 여전히 강한 적대감이나 두려움이 있는 반면, 고도성장기에 태어난 1990~2000년대생들은 북한에 대한 인식이 이전 세대와 크게 달라졌다. 결과적으로 한국의 압축적인 성장이 2개의 전혀 다른 대중 그룹을 한 공간에 공존시키게 된 것이다.

냉전이 종식된 이후 북한이 경제적으로 실패한 집단으로 전락하면서 북한의 존재는 두려움의 존재에서 화합이나 통일의 대상으로 급격히 정치적인 의미가 변하게 된다. 민족주의가 급성장하면서 북한에 대한 한민족, 평화 통일, 공존이라는 다른 관점이 사회에 유통되기 시작했다.

2000년대 들어서자 정치 세력은 대부분 북한에 대한 과거의 규정, 양립할 수 없는 존재라는 오래된 규정에서 탈피하기 시작했다. 정치권은 북한이라는 단어를 외교·안보·국방 분야에서 정치 세력 자신의 기민한 대처력과 외교 안보적 리더십과 연관해서 사용하기 시작했다.

북한과 평화를 이끌어내는 정치 집단이 유능한 세력이며, 이런 정치 집단이 국내 정치의 주도권을 쥐어야 한다는 정치 논리가 대두됐다. 햇볕 정책, 통일 대박론, 한반도 운전자론이 이런 계열의 정치 담론이다.

게다가 한국에는 북풍이 더는 불지 않았다. 이렇게 북한이 주인공이 된 배후 세력론은 서서히 한국 사회에서의 정치적 영향과 파괴력이 급속히 후퇴하게 된다. 젊은 세대에게 한국전쟁이 잊힌 전쟁Forgotten war이 되면서 레드 콤플렉스도 잊혔다.

레드 콤플렉스라 불리며 한국 사회의 민주화와 정치 발전을 가로막는 고질적인 북한 배후 세력론은 이제 동력을 상당히 상실했다. 한국 사회를 수십 년간 뒤흔든 북한 배후 세력론은 그 흔적만 남을 정도로 미미해졌다.

한국 정치에 자리 잡았던 북한 배후 세력론은 배후 세력이라는 시민이 반응하기 쉬운 익숙한 정치적 수사修辭를 남겨놓았다. 북한 배후 세력론은 점점 옅어지고, 그 거대한 빈자리가 남았다. 그 빈자리에 다른 형태와 맥락을 가진 다양한 배후 세력 음모론이 자리를 차지하기 시작했다.

북한이라는 강력한 소재가 사라졌는데도 배후 세력론이 여전히 유지되는 것은 한국 정치 현실의 현실 같지 않은 탈현실성 탓이다. 영화나 드라마보다 더 영화 같은 현실이 일어나는 것이 한국 정치의 현실이다. 허황한 음모론처럼 보였던 누군가의 폭로나 정치적 주장이 현실로 재현되는 경우가 많이 있다.

영화 같은 정치 암투가 한국 정치에서 종종 일어난다. 누군가의 폭로로 권력이 숨겨온 정치 공작이 드러난 적이 한두 번이 아니다. 많은 사건이 풀리지 않는 수수께끼로 남기에 시민도 적극적으로 다양한 배후 세력론에 반응하고 스스로 이에 동조하기도 한다.

국민적 관심이 쏟아진 사건 뒤에 특정 세력이 암약하는 것으로 드러나는 것도 이런 배후 세력론이 끊임없이 확대 재생산되는 이유일 것이다. 이번 정부에도 시민이 여전히 배후 세력이 존재한다는 사실을 확인한, 혹은 적어도 믿게 된 여러 사건이 있다. 이번 정부에서도 배후 세력론을 믿게 하는 유형의 사건이 연이어 생겼다는 얘기다.

대표적으로 버닝썬 클럽 사건이 있다. 시민과 클럽 직원과의 단순한 폭력 사건으로 시작된 이 일은 시간이 흐를수록 꼬리에 꼬리를 물면서 파장이 커졌다.

클럽의 불법 운영 의혹과 마약 의혹이 불거지나 했더니, 유명 연예인들의 성범죄 의혹이 드러났고 클럽과 이들을 비호한 혐의를 받게 된 '경찰총장'이라 불린 청와대 출신의 경찰 간부라는 존재가 나타나면서 사건은 정점을 찍게 된다.

일부 언론에는 버닝썬 게이트라는 표현이 등장하기도 했다. 연루된 유명 연예인들은 재판에서 실형을 받고, 경찰 간부는 무죄를 받았다. 한 편의 영화가 현실에서 재현된 것이다.

정부 여당의 고발로 시작된 수사 끝에 드러난 포털 사이트 여론 조작 사건, 일명 드루킹 사건도 배후 세력론을 연상하게 하는 거대 사건이었다. 공교롭게도 여당의 거물급 정치인이자 대통령의 측근으로 분류되는 정치인이 연루됐다는 의혹이 불거지면서 특검까지 진행됐다. 거물급 정치인이 인터넷 여론 조작 집단과 연루가 됐다는 현실 자체가 탈현실적인 상황이다. 현실이 영화가 되고, 영화가 현실이 될 지경이다.

검찰 개혁 이슈와 맞물려 있는 전 법무부 장관 사태도 배후 세력론에서 빼놓을 수 없다. 전 법무부 장관 일가에 대한 검찰 수사로 촉발된 장관 자녀 입시 비리 관련 재판도, 입시나 교육 과정에 개입하는 힘센 배후 세력이 있을 수 있다는 대중의 상상력을 자극하기에 충분한 소재였다.

많은 시민이 일부 계층의 자녀들이 일반 시민과는 다른 대우를 받는다고 생각하게 된 계기가 됐다. 대학교수나 일부 중상류층은 자녀들의 스펙을 만들어주기 위해 도움을 주고받고, 이는 중상류층 자녀들이 그들의 실력에 비해 더 좋은 대학으로 가는 데 소중한 디딤돌이 되는, 불공정한 현실이 민낯을 보였다.

치열한 입시 제도 아래에서 경쟁한 청년 입장에서는 이런 부모들이 불순한 배후 세력일 수밖에 없다. 이를 비판하기 위해 대학생들의 촛불 시위가 있었던 사실을 보면 청년 세대의 정서를 이해할 수 있을 것이다.

반면 한 사건을 두고도 다른 방식의 배후 세력론이 작동할 수 있다. 법무부 장관의 검찰 수사와 기소를 두고 일부 시민은 검찰 세력 내에 장관을 음해하는 특정 배후 세력이 존재한다고 믿는 것이 틀림없어 보인다.

대검찰청 청사가 자리한 서초동 거리를 가득 채운 채 수사 반대를 외친 시민은 대학생이 불의不義라고 외친 배후 세력과는 전혀 다른 배후 세력이 존재한다고 믿는 일단의 부류다. 반대 세력도 강력하고 구체적인 배후 세력을 지목한다.

검찰 내부에 정부가 진행하려는 검찰 개혁을 반대하기 위한 모종의 거대한 세력이 있고, 그 세력이 임명된 법무부 장관을 반대해서 돼지머리 식 수사를 진행한다는 주장이다. 가짜 뉴스가 판친다는 주장만이 남는다.

탈진실의 시대다.

무엇이 맞고 틀린 것보다는 진영 논리로 세상을 본다는 이야기다. 오늘날 한국의 배후 세력론은 누군가에 의해 여러 갈래로 진화했고, 다양해졌다. 정치 집단의 시각과 입장 차에 따라 같은 사건임에도 전혀 다른 배후 세력이 존재하는 복잡한 영화 같은 현실을 시민은 마주친다.

음모론에 익숙한 한국의 정치 문화를 알고 경험해온 '힘 있는 그들'이 음모론의 빈 공간을 정치적으로 활용하기 시작했다. 그들이란 오늘날 정치권력을 쥔 아주 영리한 정치 집단, 바로 추격 집단이다. 앞으로 살펴보겠지만, 특히 경제 영역에서 배후 세력론이란 음모론이 굳게 자리 잡게 된다. 2부에서 배후 세력론을 길게 이야기하는 이유다.

레드 콤플렉스를 동원하는 정치 공작이 나쁜 정치라면, 경제 분야에 적용되는 배후 세력론도 새로운 계열의 나쁜 정치의 탄생이다.

## 배후 세력과의 전쟁

요즘 뉴스를 보면, 한국 정부라는 존재는 무력해 보인다. 한국은 엄청난 세력을 지닌 배후 세력에게 쉴 새 없이 휘둘리는 나라처럼 보인다. 한국의 모든 영역에 국가를 압도하는 강력한 배후 세력이 있는 것처럼 보일 지경이다.

정부의 발표를 들어보면, 정부는 배후 세력과의 전쟁을 매일 치른다. 검찰에도 정부를 반대하는 배후 세력이 있고, 부동산에도 투기 세력이라는 배후 세력이 있다. 추격 집단의 정치인은 사회 곳곳의 배후 세력에 대해 끊임없이 성토한다. 이들 주장이라면 배후 세력의 발본색원이야말로 한국 사회를 위한 최우선 과제다.

시민은 실상은 다르다는 것을 알고 있다. 다만 정치 영역에서는 현실과 다른 이미지가 난무하고 있다. 정부가 가진 권력은 작고 나약하고, 한국 사회를 실제로 움직이는 이들은 배후에 따로 있다는 주장이 하루가 멀다고 반복된다.

그러면서 정부는 슬며시 여러 대책을 내놓는다. 정부는 더 강해진다. 실패해도 큰 부담은 없다. 실패한 정부는 이렇게 주장하면 되기 때문이다. "정부가 실패한 것은 배후 세력이 워낙 강한 탓이다."

한국 사회를 휘두르는 배후 세력이 정치적 사건에만 있는 것은 아니다. 오늘날에는 경제 현상 곳곳에도 배후 세력이 있다. 거듭되고 반복된 정치 집단의 주장으로 이제 사회에서 일상적인 주장이 됐다.

부동산 폭등 뒤에는 부동산 투기 세력이라는 배후 세력이 있다는 정부의 논리를 추적해보면 상당히 흥미로운 점을 발견할 수 있다. 바로 부동산이 지금처럼 폭등하기 전부터 정부의 분석에는 부동산 가격을 올리는 배후 세력이 있었다는 사실이다.

부동산 정책을 진두지휘하는 장관이 취임 일성으로 한 이야기를 살펴보자. 돈을 위해 주택 시장을 어지럽히는 그분들이 바로 부동산 가격을 올리는 배후 세력들이다.

> 국토는 국민의 집입니다. 그리고 아파트는 '돈'이 아니라 '집'입니다. '돈'을 위해 서민들과 실수요자들이 '집'을 갖지 못하도록 주택 시장을 어지럽히는 일이 더 이상 생겨서는 안 됩니다. 이번 대책은 그러한 분들에게 보내는 1차 메시지입니다. 부동산 정책은, 투기를 조장하는 사람들이 아니라 정부가 결정해야 한다는 점을 반드시 기억해주시기 바랍니다.
>
> 국토교통부 장관 취임사, 2017년 6월

이들의 다른 이름은 다주택자이기도 하다. 국토교통부 장관은 취임 직후 한 방송에 나와 "취임 당시에 부동산 가격 상승의 주범으로 투기 세력을 지목하신 바가 있다"라는 진행자의 질문에 대해 다주택자를 부동산 문제의 확실한 배후 세력으로 지목했다.

2017년 정부 임기 초부터 정부의 부동산 대책이 다주택자를 없애기 위한 정책적 기조 아래에서 일관되게 진행된 것은 국토교통부 장관의 일련의 발언을 보면 놀랍지 않다. 이후 3년간 정부는 부동산 폭등을 배후에서 움직이는 엄청난 세력을 잡기 위해 20번이 넘는 크고 작은 대책을 시장에 쏟았다.

부동산 배후 세력을 잡기 위한 정부의 대책은 강경 일변도로 흘러가고 있다. 정부 임기 5년 가운데 3년이 지났지만, 부동산 배후 세력과의 전황은 점점 나빠지고 있다. 정부는 이미 반환점을 돌았다. 부동산 문제를 이대로 두면 정권 말과 다음 대통령 선거에서 상당한 걸림돌이 될 수밖에 없다. 부동산이 폭등한 사실은 치명적인 아킬레스건이 될 수 있다.

상황이 이렇게 흘러가자 21대 국회의원 선거에서 170석이 넘는 의석을 확보한 여당도 부동산 성전聖戰에 적극 참전했다. 부동산 배후 세력과의 전쟁에 팔을 걷어붙인 것이다. 부동산 배후 세력과의 전선戰線은 행정부에서 입법부까지 넓어졌다.

다주택자와 투기성 주택 보유자에 대해서는 종합부동산세 등을 중과하고 실수요자는 보호하는 실효성 있는 부동산 안정화 대책을 마련하겠습니다. 특히 아파트 투기 세력을 근절하는 데 모든 정책 수단을 동원하겠습니다.

더불어민주당 원내대표, 2020년 7월

정치인 장관이 자리한 법무부도 동참했다. 강력한 사정 기능을 담당하는 검찰을 두고 있는 법무부도 부동산 배후 세력인 투기 세력과의 전쟁을 선언했다. 법무부 장관은 자신의 소셜 미디어에 의견을 남겼다.

> 부동산이 급등하는 것은 투기 세력 때문입니다. 투기 세력이 돈 많은 일부에 국한되지 않고 일반 주부에 이어 젊은 층마저 투기 대열에 뛰어들고 투기 심리가 전염병처럼 사회적으로 번졌습니다. 2018년 부동산 시장에는 부동산 스타 강사들이 증시처럼 일반 투자자를 모으고 표적 삼은 대상지를 버스를 타고 사냥하고 다니는 등 부동산 시장 작전 세력을 움직였습니다.
>
> 법무부 장관, 2020년 8월

법무부가 나서면서 법의 절차상 사법부도 부동산 배후 세력을 토벌하는 데 참전參戰할 계기가 마련됐다. 검찰이 비리를 저지른 배후 세력을 적발해 재판에 넘기면 사법부에서 재판을 받는 방식이 될 것이다.

엄중 처벌하겠다는 정부의 태도를 보면 부동산 비리 세력은 당연히 예전보다 높은 처벌을 받을 것으로 보인다. 부동산 배후 세력을 잡기 위해 한국의 모든 공권력이 동원되고 있다. 국회에 출석한 국무총리도 힘을 보탰다.

> 원래 저희 정부는 1가구 1주택은 보호하고 다주택자 혹은 나쁜 말

로 해서 (부동산) 투기 세력에는 절대 굴하지 않겠다는 것이 정부의
기본 원칙으로….

국무총리, 2020년 9월

정부가 테러 집단이라도 색출하는 것처럼 전방위적으로 달려드
는 부동산 배후 세력, 부동산 투기 세력은 대체 누구이고 어떤 존
재인가. 왜 이들은 박멸되지 않고, 집값을 끝없이 올리는 것인가.

한국의 다주택자는 219만 명(개인 기준, 2018년)이다. 통계청 통
계를 보면, 주택 1채를 보유한 경우가 1,181만 명이다. 2채 이상
다주택자는 꾸준히 늘고 있다. 2015년에는 15만 명, 2017년에는
13만 명, 2018년에는 7만 3,000명이 증가했다. 이에 따라 2채 이
상을 보유한 다주택자는 2012년에 163만 명이었으나, 6년 뒤인
2018년에는 전체 다주택자 수가 50만 명이 늘어났다.

집값 폭등을 주도한다는 부동산 1번지인 서울 강남구의 다주
택자 수는 얼마일까. 3만 1,300명이 2채 이상 보유한 다주택자인
것으로 나타났다.

정부가 싸우고 있는 부동산 배후 세력의 정확한 실체다. 5,178만
명 가운데 219만 명이 총리가 지적한 투기 세력인 것이다. 정부는
3년간 이들을 규제하는 정책을 내놓은 것이다.

참고로 2017년 대비 무주택자에서 주택 소유자가 된 사람
은 85만 8,000명이었다. 이 중 주택을 1건 취득한 사람이 82만
3,000명으로 대부분(95.9%)을 차지했다. 이 비율은 1년 전(94.4%)

116

보다 소폭 올랐다. 다주택자는 2018년 7만 명 늘었고, 무주택자에서 주택을 산 이들은 85만 명이 늘어났다는 것을 알 수 있다. 똘똘한 1채다. 부동산에 대한 수요가 전반적으로 늘고 있음이 드러난다.

정부가 부동산 공급을 줄인 상황에서 가수요를 만드는 방향으로 정책을 이끌고 가니 부동산 가격이 오를 수밖에 없는 악순환 경로로 들어간 것이다. 이를 비단 다주택자만이 한국 부동산 폭등의 문제라고 할 수 있을 것인가. 정부는 다주택자, 부동산 투기 세력이 문제라는 입장에서 한 발도 물러서지 않는다.

다주택자와 함께 부동산 집값을 올리게 된 정책 실패의 백도어Backdoor가 됐다고 평가받는 임대 사업자의 숫자는 얼마일까. 다주택자이기도 한 임대 사업자는 현 정부의 부동산 정책이 실패하게 된 제1의 원인으로 지적받는 세력이다. 국토교통부 자료에 따르면, 2020년 기준으로 한국의 임대 사업자는 49만 명이 149만 채의 집을 가지고 임대 사업을 하고 있다.

임대 사업자의 숫자는 실제로 5년(2015~2020)간 크게 늘었다. 2015년에는 13.8만 명이었다가 2018년에는 40.7만 명으로 2017년의 25.9만 명에 비해 14만 명 가까이 늘었다. 이는 정부가 임대 사업자 등록을 적극적으로 유도했기에 생긴 정책적 효과였다. 임대 사업자가 확대된 이유는 주택 임대 사업 세제 혜택을 통해 다주택자들의 종합부동산세, 임대소득세 등을 감면해주고 현 정부에서 대출 확대까지 더해져서 생긴 결과였다.

정부의 부동산 정책이 임대 사업자 증가를 만들어낸 것이다. 그 결과 이번 정부 시작 이후 서울의 임대 사업자는 3배가 늘어났다. 정부는 7·10 대책을 발표하며, 다주택자인 임대 사업자를 위한 정책을 전면 수정했다. 정부가 약속한 혜택을 거둬들인 것이다. 이후 서울 부동산 시장에서 전·월세가 급감한 현상이 보이고 있다. 전세 대란을 정부 대책이 자초한 면이 크다고 봐야 할 대목이다.

이것이 정부가 이야기하는 부동산 시장의 괴물, 다주택자와 임대 사업자의 정확한 현황이다. 정부는 다주택자를 상대로 초지일관 규제 일변도의 정책을 내놓고 있지만, 종국에는 부동산 시장을 안정화하는 데 실패해왔다. 당신이 합리적인 추론이 가능하다면 고개를 갸웃거리고 있을 것이다.

정부가 다주택자를 없애겠다고 정책을 내고 있는데, 오히려 다주택자가 늘고 있다는 사실에 주목해야 한다. 왜 반대 효과가 일어나는가. 다주택자를 없앤다는 목표를 세운 정부의 부동산 정책 효과가 제대로 미치지 못하는 것이다.

임기 초인 2017년보다 2020년의 부동산 가격이 훨씬 높다. 정부의 대책이 오히려 '부동산 배후 세력을 더욱 키운 것이 아닌가'라는 가정에 도달한다. 정부가 부동산 폭등을 막으려는 확고한 의도가 있다고 본다면, 20차례의 정부 정책이 현실에서 막대한 부작용을 일으키고 있는 것이라 볼 수 있다. 정책이 부작용을 내는 이유는 원인 진단이 잘못됐을 경우와 현실에서 경감 효과가 생겼을 경우 크게 2가지일 것이다. 전문가들의 의견도 이와 일맥 상통한다.

전문가들은 정부 정책이 근본적으로 잘못됐다고 평가한다. 시장 전문가들은 정부 정책의 방향이 근본적으로 바뀌어야 한다고 입을 모은다. 부동산 분야에 전문성을 지닌 정치인도 정부가 부동산 대책의 방향을 바꾸어야 한다고 지적한다. 정부의 부동산 정책이 경제 현상을 해결하는 방향보다는 자신들의 정치 목표를 해결하는 데 비중이 더 있기 때문이라는 것이 이들의 공통된 진단이다.

부동산 폭등의 문제가 정치에서 시작됐다는 의견이다. 정치적 프레임을 담은 이번 정부의 부동산 대책이 부동산 폭등이라는 부작용을 불러왔다는 분석이다. 한 야당 정치인은 "정부의 고질적인 정책 프레임이 집을 가진 사람과 집을 가지지 않은 사람, 강남과 비강남권으로 나누어서 편 가르기를 하고 그로 인한 분노를 자양분 삼는데 결국은 부동산도 그런 하나의 수단"이라는 의견을 내놓았다.

정부와 여당은 인정하지 못하는 진단이다. 정부와 여당은 자신의 잘못된 판단이 이끈 부동산 정책 실패를 인정할 수 있을 것인가. 이미 대통령과 총리, 법무부 장관, 국토교통부 장관, 여당 원내대표까지 나서서 부동산 투기 세력과의 전쟁을 선포하고 전쟁을 벌이는 상태다. 5,000만 가운데 많아야 300만 명과의 전쟁이다. 정부 대 300만 명, 누가 이길 것 같은가.

◈

'배후 세력론의 함정', 최대 문제점이 있다. 배후 세력론이 작동되면 이를 믿는 사람은 점점 더 맹렬히 허상의 적과 싸우게 된다. 마치 권투에서 '그림자 복싱'을 하는 것처럼 허공에 팔을 뻗어서 적과의 대결을 벌이게 된다. 배후 세력론의 문제점은 현실 인지 능력을 상당히 방해한다는 것이다.

통상 정치 집단은 정치적 문제가 생기면 자신의 힘을 결집하면 되기 때문에 배후 세력이라는 가상의 적을 상정하고 내부 단속을 철저히 하면 된다. 그런 결과 선거에서 이기면 된다. 정치 집단이 사용하는 배후 세력론이란 편리한 정치적 도구가 경제 영역으로 넘어오면서 예기치 못한 현상을 접하게 된 것으로 보인다.

경제 현상에서는 원인이라고 생각되는 것이 실질적인 원인이 아니라 표면적 현상일 수 있다. 정부가 임기 초부터 없애기 위해 집착하는 부동산 투기 세력, 다주택자들은 부동산 문제의 원인이라기보다 부동산이 급등하기 때문에 생기는 현상이라고 볼 수 있다.

돈이 부동산으로 몰리니 사람이 부동산으로 몰려서 가격이 급등하고, 매물은 줄어들고, 급하게 매물을 소유한 결과 다주택자들이 늘어나게 된다. 이는 다시 부동산 가격을 밀어 올리게 된다. 정부나 시장 입장에서나 악순환이다.

정부 입장에서는 없애려고 하는 부동산 해충, 투기 세력들이 더욱 늘어나는 현상에 직면하게 된다.

부동산 배후 세력을 없애겠다며 다주택자를 세금 정책으로 옥죄는 정책 일변도로 진행된 것이 오히려 실패를 불러일으킨 가장 큰 원인이라 보인다. 간단히 말하면 정치가 경제 현상의 원인을 잘못 판단한 것이다.

정치가 허상을 보고 싸우는 덕분에, 부동산 폭등의 배후 세력은 이번 정부의 가장 강력한 힘을 가진 배후 세력이 되었다. 정부의 고강도 정책에도 불구하고 2020년 현재, 전혀 수그러들지 않은 세력이다.

그들이 사라지지 않는 것은 역설적으로 정부 탓이다. 정부의 부동산 정책이 실패하는 이유는 정부의 부동산 시장에 대한 잘못된 인식 탓이라고 봐야 한다. 부동산 정책을 밀고 가기 위한 출발점부터가 오류의 시작이었다고 봐야 할 것이다.

절대 쓰러지지 않는 부동산 투기 세력은 정부의 잘못된 정책에 대한 시상의 대응이 만들어낸 '환상의 거인'인 셈이다. 정부와 정치 집단은 스스로 만들어낸 허상과 싸우는 것이다.

이 순간에도 정부와 정치 집단은 부동산 배후 세력이 실제로 존재하는가를 검증하는 것보다 부동산 현상에서 배후 세력이란 허상을 보는 경향이 강하다. "강력한 부동산 정책에도 부동산 가격이 폭등하고 있다. 정부를 넘어서는 강력한 배후 세력이 존재하는 것이다." 이런 순환되는 논리는 계속 반복된다.

잘못된 인식론은 본말 전도를 초래한다. "부동산 투기 세력이 있다. 그러므로 규제 중심의 부동산 정책이 존재한다"라는 식의 정치식 논리 구조를 위해 투기 세력이란 존재는 없어서는 안 되는 기본 전제가 된다.

부동산 투기 세력이라는 허상은 이번 정부가 가진 인식론이 초래한 함정이다. 가상의 적을 가정하고 내놓은 대책은 현실에서 전혀 다른 부작용을 내놓는다. 다주택자가 문제가 아니라 부동산이 오르니 다주택자가 생기는 것이다. 문제는 다주택자에서 생기는 것이 아니라 부동산 자체의 품귀와 희소성에서 생기는 것이다. 정부가 받아들이지 않는 전문가들의 주장이다.

이런 견해에도 불구하고 정부의 부동산 대책은 전혀 바뀌지 않을 것이다. 정부의 생각은 바꿀 수 없다. 강력한 힘을 가진 데다 승리의 경험을 한 정치 집단의 가치와 세계관을 바꿀 수는 없다.

시작과 끝이 결정된 닫힌 논리 구조를 가진 체계다. 정치 집단의 진로를 바꾸는 것은 정치의 영역이기 때문이다. 지금은 정부와 여당의 정치적 힘을 적절히 견제할 수 있는 권력적 장치들이 없다. 정치적인 계기가 없는 한 이를 바꾸기는 어려워 보인다. 이번 정부의 배후 세력에 기반한 경제 개조 프로그램은 사회 여러 곳에서 쓰이고 있다.

정치가 경제를 포획하고 있다. 정부와 여당은 사회 여러 영역, 이슈 여러 영역에서 배후 세력론을 소환하고 있다. 부동산 정책에만 배후 세력이 등장하는 것이 아니다. 정부가 개조를 추진한 경제의 모든 세부 영역에 배후 세력이 있다.

정부와 현 정치 집단은 이를 반대하는 배후 세력을 상정하고 자신들의 정책을 관철시키고 있다. 최저 임금 인상 논란이나 대통령의 공약인 공기업 비정규직 전환으로 인해 생긴 논란 때도 어김없이 배후 세력이 정부와 여당을 반대한다는 논리가 등장했고 이를 바탕으로 이들 정치 집단은 후퇴 없이 자신들의 원안을 통과시켰다. 이쯤 되면 의도적으로 강력한 가상의 적을 동원하는 것이 아닌가라는 의심이 들 정도다.

> 불평등과 양극화의 나라가 대대손손 보장해주었던 피상속자인 후손들의 미래가 잘못될까 두려운 것입니다. [⋯] 최저 임금을 공격하는 것은 내년의 추가 인상을 막기 위한 것이고, 소득주도성장을 설계한 정부의 성공을 막기 위한 것에 불과합니다. 경제적 논리가 아니라 정치적 논리로 불평등과 양극화를 방조하는 것입니다.
>
> 더불어민주당 대표, 2018년 1월

이 주장을 그대로 인용하면, 정부가 추진하는 최저 임금을 반대하는 것은 후손의 밥그릇이 빼앗길까 걱정하는 배후 세력을 편드는 행위가 된다. 이는 또한 정부의 성공을 막기 위한 것이고 대한민국의 성공을 반대하는 나쁜 행위다. 추격 집단의 정치 행위를 비판하면 냉전 수구 세력이 되는 것이다. 누가 정부의 정책을 반대할 수 있을 것인가.

나라의 앞날이 밝지만은 않습니다. 촛불 혁명 뒤편에서 기무사 적폐 세력은 쿠데타를 모의했습니다. 친일 반민족 세력은 상해임시정부의 적통을 부정하며 건국절 논란을 반복하고 있습니다. 최저 임금을 고리로 경제 위기론을 조장하는 세력도 있습니다. 하지만 당이 보이지 않는다고 합니다. 상황의 엄중함을 모른다고 합니다.

더불어민주당 대표, 2018년 8월

논란이 불거질 때마다 배후 세력이 등장한다. 모든 사안마다 되풀이되는 판에 박힌 듯한 배후 세력론이다. 당신이 오늘의 정치를 가만히 들여다본다면 알 수 있는 사실이다.

이번 정부가 들어선 이후, 한국에 모종의 세력이 존재한다는 정치적 음모론이 한국을 지배하고 있다. 더욱이 이 세력은 강력한 적으로 상정되어 있다. 어디에나 존재하고, 늘 정부와 여당을 방해하고 발목을 잡는다.

그 어떤 시기보다 강력한 정부이고 강력한 여당이지만 늘 모종의 세력에게 방해당하고 저지된다. 개혁은 이들 탓에 늦춰진다. 그래서 한국의 평화와 공존, 번영을 위해서 적을 누르거나 없애야 한다는 메시지가 한국 정치에 넘친다.

사실은 다르다. 정부와 여당 정치인은 다주택자보다 훨씬 강력한 존재들이다. 현재 대한민국에서는 정부와 여당만큼 강력한 존재는 존재하지 않는다. 그들이 이야기하는 배후 세력은 단지 자신들의 정책적 실패가 만들어낸 그림자 복서일 뿐이다. 정부의 정책 실패가 부동산으로 시민을 몰리게 하는 것뿐이다.

다주택자의 잘못이 아니라 정부의 실패인 것이다. 정부와 여당이 인정하지 않는 사실이다. 대한민국의 권력을 쥔 정부와 여당 정치인이 한국의 권력자가 아닌가. 그런데 가장 강력한 정치 집단이 나약한 존재 흉내를 내고 있다.

3년간 투기 세력을 잡아왔는데도 부동산 가격이 오른다면 부동산 정국의 핵심 변수는 투기 세력이 아니라고 봐야 한다. 부동산 가격이 오를 때마다 다주택자들에 대해 더 강화된 역대급의 강력한 봉쇄 정책을 써왔는데 부동산 가격이 더 오르고 있다. 다주택자의 문제가 아니라고 인정해야 한다.

그럼에도 정부는 입장을 선회하지 않을 것이다. 최악의 경우, 강력한 권한을 가진 정부는 부동산 전쟁에서의 최후의 승리를 위해 소수 세력인 219만 명을 철저히 희생시킬지 모른다. 나머지 4,800만 명을 위한 정치라는 명분이 이미 그들의 손에 쥐어져 있다.

이 글을 읽는 당신도 유의해야 한다. 정치가 반대하는 일을 하면 설령 당신이 의도치 않게 집 2채를 보유하게 됐다고 해도, 정부는 당신을 사회의 적으로 지목한다. 그 순간 당신은 무서운 배후 세력의 일원이 된다. 당신은 적지 않은 피해를 보게 될 것이다.

당신이 정치의 제물로 바쳐질 수 있다. 막연한 배후 세력론은 사회의 혐오와 증오를 부추긴다. 당신을 어려움에 빠뜨리는 세력이야말로 진정 무서운 배후 세력일 것이다. 한국 사회를 혼란스럽게 만드는 진짜 배후 세력은 배후 세력을 말하는 그 사람이다.

정치가 되풀이하는 배후 세력이라는 환상에서 깨어나야 한다.

정치가 배후 세력이라는 그림자 집단과 싸우는 동안 실제 부동산은 폭등해버렸다. 3년이라는 시간이 지나고 부동산 가격은 돌이킬 수 없을 정도로 올랐다.

당신이 다주택자가 아니고, 세금 폭탄을 맞지 않고, 세무 조사를 받지 않아도, 한국 사회가 부동산 폭등이라는 엄청난 피해에 직면했다는 사실을 알아야 한다. 부동산 폭등은 그 자체로도 경제의 균형을 위태롭게 하는 시그널이 됐다.

부동산 폭등으로 한국 사회는 가진 자와 없는 자 사이의 갈등과 혐오가 더 깊어지게 됐다. 한국의 정치가 무서운 씨앗을 뿌리고 있다.

# 풍요의 약속

당신을 가난하게 하다

정치가 내민 풍요의 약속을 점검해봅니다.
당신은 더 가난해지는 것은 아닌가요.
정치의 문제는 언제나
가장 높은 곳에서 시작됩니다.

## 예정된 실패

약속한 기한은 지났다. 정치권력이 약속한 서민의 풍요는 어디에도 없다. 서민의 풍요라고 표현한 이유는 이 정부에서 빈부 격차가 너무나 커졌기 때문이다. 강남의 부동산을 가진 계층과 내 집 없는 계층과의 격차는 돌이킬 수 없을 정도로 벌어졌다.

부동산 이슈 자체야 어느 정부도 쉽게 해결하기 힘든 한국 사회의 질곡이라 하더라도, 이번 정부와 여당이 한 풍요의 약속도 기대하기 힘들다는 여론이 고개를 들고 있다. 정부가 약속한 소득 증대, 일자리 증대의 포용 성장은 찾아보기 어렵다는 것이 중론이다. 임기 초중반부터 꾸준히 제기되는 주장이다.

현 정부의 집중 지원 대상인 취약 계층과 영세 자영업자, 중소기업이 벼랑으로 내몰리고 있다는 평가가 나오고 있다. 왜 이런 역설이 펼쳐지고 있는가. 시간이 지나면 정책 효과가 날 것이라고 말했지만 정부가 중요하게 여긴 일자리와 고용 지표는 계속 요동치고 있다. 정부는 지표 하나하나에 일희일비하는 모습이다. 현재까지 이번 정부의 경제 정책은 낙제점이다.

너무 이른 판단일까. 2017년 5월 시작한 이번 정부는 2021년에 들어서면서 벌써 4년 가까운 시간을 사용했다. 이제 권력의 합법적 유통 기한은 1년 남짓 남았다. 1년 남짓 사이에 그간의 실패를 뒤집을 대역전이 가능할 것인가. 그리 희망적이지 않다. 무엇이 한국의 경제를 총체적인 실패로 이끌고 있는가. 국가의 경제가 나빠진다는 것은 당신의 사정도 점점 나빠진다는 것을 의미한다.

이번 정부 들어서 부의 격차는 날로 커지고 있다. 당신의 자산이 올랐다고 해도 부가 몰려 있는 곳의 자산 상승은 더욱 컸다. 절대적으로 당신은 가난해질 수 있고, 상대적으로도 가난해질 수 있다. 당신은 왜 점점 가난해지고 있는가. 당신을 가난하게 만드는 것, 이에 대한 원인을 파악해야 한다.

경제 영역에 대한 정부의 대처가 이상하다. 문제가 있는 정책이라고 지적해도 강행한다. 전문가의 목소리도, 시민의 목소리도, 시장의 목소리도 제대로 듣지 않는다는 비판이 넘친다.

숱한 경제학자들이 우려를 나타냈지만 모든 것은 강행되었다. 대표적으로 최저 임금 인상, 최저 임금 폭등 행진은 코로나-19라는 큰 장벽을 만나서야 겨우 멈췄다. 하지만 그사이에 최저 임금 인상으로 인해 사라진 일자리들은 다시 돌아오기 어려울 것이라고 전문가들은 보고 있다.

원로 사회학자인 송호근 포항공대 교수의 의견이 대표적이다. 그는 현 정부가 추진하는 주 52시간제, 최저 임금제, 비정규직의 정규직화 추진에 대해 "목적은 정의롭지만, 수단이 잘못됐다. 아마 엉망진창이 될 것"이라고 경고했다.

반대와 강행이 반복된다. 대통령이 임기 초 직접 언급한 '숙의'라는 참으로 어렵고 생경한 말로 풀이한 정치 문화 시스템이 잘 가동됐다면 이 같은 일방통행은 이뤄지지 않았을지 모른다. 많은 정책이 비슷한 모습을 보인다. 정부의 거듭된 주장처럼 특정 경제 정책이 뚜렷한 효과를 보기 위해서 3년 이상의 시간이 걸리는 것인가.

일자리, 최저 임금, 주 52시간제…. 이번 정부가 추진하는 경제 정책은 '소득주도성장'이라는 하나의 경제 기조로 수렴된다. 이번 정부는 소득주도성장을 경제 정책의 핵심 축으로 삼고 있다. 소득주도성장의 전환 또는 폐기 요구나 여론이 있을 때마다 정부는 소득주도성장을 꼭 지킨다는 답변을 내놓았다.

2018년에 이어 2019년에도 정부의 소득주도성장 철벽 방어 전략은 여전했다. 대내외적으로 소득주도성장에 대해 비판이 일고 있었으나, 한국의 경제 컨트롤 타워 격인 경제부총리는 소득주도성장을 방어하는 데 적극적이었다. 정부 관계자들도 소득주도성장 효과가 나타나고 있다고 자평하는 모습을 자주 보였다.

정부의 소득주도성장 방어 전선은 굳건했다. 시간이 흐르면서 세상은 정부의 소득주도성장 방어 전선에 직설적으로 문제를 지적하고 있다. 현 정부 비판의 단골 메뉴 가운데 하나가 되고 있다. "소득주도성장의 실패를 인정하지 않는 문재인 정부의 완고함도 영화 속 한 장면 같다"라는 표현이 등장하고 있다.

소득주도성장 방어에 총력을 다 하는 정부와 경제팀에 여지를 주고 싶지만, 그간의 성적표가 너무 참담하다. 5년이란 시간 동안 달리는 마라톤의 결과를 마지막 순간에만 알 수 있는 것은 아니다. 중반을 넘어서는 순간 선두 그룹과 후진 그룹은 나뉘어 있다. 물리 법칙이 존재하는 현실에서 막판 뒤집기의 기적은 아주 드물다.

시간이라는 거대한 장벽이 서서히 경제 성공으로 가는 문을 걸어 잠그고 있다. 지금 제대로 작동하지 못하는 정부의 각종 경제 정책인 일자리, 최저 임금, 주 52시간제 등과 이를 만회하기 위한 현 정부의 재정 정책은 훗날 많은 비판을 받을 것이다. 엄청난 적자를 물려받은 미래의 우리는 2017년 이후의 경제 정책을 혹독하게 평가할 것이다.

뉴노멀 정치 집단인 정부와 여당은 소득주도성장이라는 경제 정책이 성공하는 데 사활을 거는 형국이다. 소득주도성장은 낯선 정책이시만 2017년 대선 때 갑자기 나타난 것은 아니다.

이 정책의 연원을 찾아보면 2012년 대선 당시에도 현 대통령, 지금의 정치 집단이 내세운 핵심 경제 정책이었다는 점을 알 수 있다.

선성장-후분배, 낙수 효과 같은 낡은 생각이 사회적 양극화와 성장 잠재력 저하라는 아픈 결과를 낳았습니다. […] 분배와 재분배를 강화하여 중산층과 서민들의 유효 수요와 구매력을 확대함으로써, 소비와 투자를 촉진하는 '포용적 성장'을 추진하겠습니다. 이를 위해 최저 임금을 높이고 생활 임금 개념을 정책에 반영하겠습니다.

문재인 민주통합당 상임고문 대선 출마 선언문, 2012년 6월

구체적으로 소득주도성장이란 명칭은 보이지 않지만, 포용적
성장으로 표현된 경제 정책은 큰 틀에서 대동소이해 보인다. 이
런 면에서 보면 소득주도성장은 오래전부터 기획된 계획이었다
는 점을 알 수 있다.

치밀한 계획에는 언제나 플랜 B라는 것이 존재하는 법이다. 소
득주도성장이 오래 준비된 정부의 경제 정책이라는 점을 인정하
면, 쉽게 수긍되지 않는 면이 바로 이 지점이다.

준비 기간이 길수록 대안은 더욱 많이 준비할 수 있다. 정부가
정책의 실패가 뚜렷해 보이는 시점에서도 방향을 바꾸지 않는다
면, 플랜 B, 플랜 C 등의 정책 대안을 가동하지 않는다면, 다른
이유가 있을 것으로 보인다. 이렇게 판단하는 것이 합리적인 추
론일 것이다.

물론 다른 추론도 가능하다. 능력 부족론이다. 현재 집권 세력
이 경제 플랜 B를 만들 능력이 부족하기 때문이라는 가정에서
출발한다. 익숙한 비판인데, 노무현 정부를 비판하던 프레임인
아마추어리즘 정부론에 기반한 분석이다. 가능성이 없는 이야기
는 아니지만, 현실적으로 볼 때 이러한 견해를 납득하기 어려운
여러 면이 있다.

더욱이 추격 집단에서 집권 세력이 된 이들은 노무현 정부 때

와 달리 질적으로 양적으로 엄청난 성장을 했다. 인적인 면에서나 국정 경험 면에서 정치 엘리트를 비롯해 한국 사회의 핵심 엘리트로 채워졌다. 경제 전문가가 없어서 대체 정책을 만들지 못하는 상황이 아닌 것이다.

입법부의 주도권까지 쥐게 된 정치 집단이 인적 자원이 부족한 탓에 정책을 바꾸지 않고 소득주도성장을 밀고 간 것은 아닐 것이다. 정부와 여당은 현실에서의 부작용과 실패에 대한 각종 우려에도 불구하고 소득주도성장을 끝까지 고집스레 밀고 간 것이라고 보는 것이 옳다.

이번에는 소득주도성장을 고집하는 배경을 살펴볼 것이다. 세간의 주장처럼 정부와 여당이 행동력이 강하기 때문에 잘못된 판단을 고집하는 것인가. 이번 정부는 재난지원금 등의 국민 여론과 관련된 특정 사안에 대해서는 유연한 대처력을 보인 바 있다. 완고한 태도의 원인은 다른 곳에 있다.

소득주도성장을 조금 더 살펴보자. 소득주도성장의 탄생 비화는 명확히 알려진 것이 없다. 소득주도성장이 한 개인의 창조물인지, 추격 집단의 단체적인 연구나 합의에 의해서 나온 결과물인지 알려지지 않았다.

이번 정부의 대표적 정책인 만큼 정부를 이끄는 정치 세력이 선호하는 내용이 소득주도성장에 담겨 있는 것은 확실해 보인다. 바로 앞에서 살펴본 현 대통령의 2012년도 출사표 전문으로 돌아가 보자.

지금 우리의 삶은 어떻습니까? 우리 사회는 더 이상 경제 성장의 과실을 나눠 갖지 않습니다. 소수의 부유층과 대기업의 창고는 황금으로 가득 차지만 대부분 보통 사람은 취업 불안, 주거 불안, 고용 불안, 건강 불안, 노후 불안 등 불안을 이불처럼 덮고 매일 잠자리에 들어야 합니다. 왜 이렇게 아픈 일들이 계속 일어날까요? 약자의 고통에 관심 없는 정부, 부자와 강자의 기득권 지켜주기에 급급한 정치가 사람들에게서 희망을 앗아가 버렸기 때문입니다. 지금 길거리는 표정 없는 사람들로 넘쳐납니다. 국민들에게 희망을 주는 정치가 절실하게 필요합니다.

문재인 민주통합당 상임고문 대선 출마 선언문, 2012년 6월

이에 따르면, 한국은 부유층과 대기업이 중심이 되어 경제가 돌아가는데 부가 소수에 집중되는 현상이 생긴다. 이를 해결하는 것이 희망을 주는 정치라고 이야기하고 있다. 추격 집단의 정치관과 경제관을 엿볼 수 있다.

추격 집단의 핵심 주축은 한때 기존 사회의 질서를 거꾸로 뒤집는 역피라미드의 정치를 꿈꿨던 집단이다. 이들은 현재 질서에서 역피라미드로 놓인 자신들의 질서를 안정적인 삼각형으로 만들고, 이와 동시에 기존의 질서를 역피라미드로 전환하는 모델에 호감을 느낄 수밖에 없다.

추격 집단은 경제 분야의 현존하는 질서를 역피라미드로 만들어내는 경제 정책이 필요했을 것이다. 그래서 만들어낸 경제

성장 모델이 바로 소득주도성장으로 추정된다.

소득주도성장 모델은 추격 집단이 채택할 수 있는 가장 현실적이고 이상적인 사회 변화 도구다. 소득주도성장의 개념 구조는 기본적으로 바로 이들의 정치관과 구조가 유사하다.

혁명이나 쿠데타를 통해 급진적으로 사회를 바꾸지 않고, 경제 질서를 바꿔서 사회를 개혁할 수 있다는 메시지를 담고 있는 것이 소득주도성장 모델이다. 합법적인 수단으로 권력을 획득한 이들이 더는 사회 변혁을 위한 광장 시위 정치를 할 수는 없는 것이 아닌가.

소득주도성장은 추격 집단을 비추는 거울 같은 존재로 보인다. 소득주도성장에는 그들의 자화상이 그려져 있다. 이번 정부의 경제 정책이 과거 9년간의 정부 경제 정책과 다른 이유가 여기에 있다. 상당히 다른 차원의 정책이다. 경제의 흐름을 원천적으로 바꾸겠다는 생각이 담겨 있다.

기존 체계를 180도, 아래위를 뒤집으면 정부가 설명하는 소득주도성장의 모델이 나온다. 삼각형을 뒤집는 것, 한국 경제 질서의 180도 반전, 이런 질서의 전환·변환을 추구하는 것이 소득주도성장의 핵심 동력이다.

추격 집단이 가장 중요하게 생각하는 것이 사회·경제 분야의 질서 변화다. 경제 분야에서 기존의 주도적 집단을 억제하고, 주도적 집단이 이끌던 경제 질서를 전면적으로 바꾸는 것이 소득주도성장이고, 이것이 추격 집단의 경제 기조인 것이다.

**국내 경제 모델과 소득주도성장 모델**

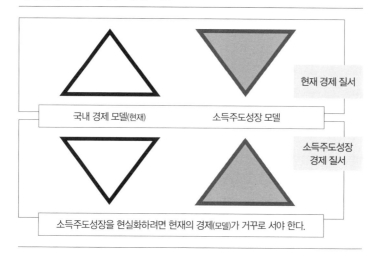

| | | |
|---|---|---|
| 국내 경제 모델(현재) | 소득주도성장 모델 | 현재 경제 질서 |
| | | 소득주도성장 경제 질서 |
| 소득주도성장을 현실화하려면 현재의 경제(모델)가 거꾸로 서야 한다. | | |

소득주도성장은 감춰진 칼이다. 소득주도성장은 경제 기조의 외피를 쓴, 사회를 개조하는 정치 프로그램이기도 하다. 소득주도성장이 경제적인 측면에서 성과를 내지 못하고 부작용이 생겨도 정부와 추격 집단이 소득주도성장을 버릴 수 없는 이유다. 소득주도성장은 1+1인 셈이다. 현 정부의 경제+정치 정책이다.

소득주도성장이 현실에서 부작용을 일으키는 이유도 여기에 있다. 180도 뒤집힌다는 것은 바닥과 천장이 바뀐다는 뜻이다. 이를 옛날에는 천지개벽이라고 했다.

소득주도성장이 만들어낼 변화된 사회 질서를 도형으로 표현

### 소득주도성장, 뒤집힌 경제 질서*

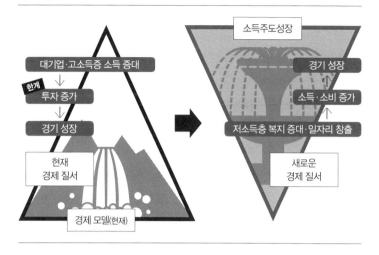

하면 이렇다. 기존의 세상을 역피라미드로 만들고, 현재의 역피라미드 상태인 소득주도성장을 안정적인 피라미드로 만드는 혹은 피라미드로 인정되는 세상을 꿈꾸는 것이다. 한국 사회 질서의 전면적인 변화다.

경제가 현재 움직이는 관점에서 보면, 역피라미드 형태인 소득주도성장은 현재 기준에서는 거꾸로 가는 혹은 뒤집힌 경제 세상이다. 이제 정치가 강력한 힘으로 소득주도성장 모델을 현재 경제 정책 자리에 대체하기 시작하면, 현재의 경제 모델은 물구나무를 서게 될 것이다. 직관적으로 볼 때 현실에서 부작용이 생

---

\* 분수, 낙수 효과 도식은 소득주도성장특별위원회 공식 홈페이지에서 재인용했다.

기지 않는다면 다행인 것이다.

요약하면 소득주도성장은 기존 경제 모델의 방향성을 뒤집어서 소득주도성장의 경제 흐름을 이 사회의 정상적인 형태, 표준으로 만들겠다는 경제 변혁의 정치 프로젝트다. 정부의 방침대로 소득주도성장 모델을 현실에서 핵심적인 전면에 두려면 기존의 경제 질서가 역피라미드 형태가 된다.

역피라미드는 스스로 설 수 없다. 소득주도성장을 안정화하기 위해서는 현재 경제 모델이 타격을 받을 수밖에 없다. 실제로 현실 경제가 타격을 받아야 소득주도성장이 제대로 성장할 수 있다는 판단을 할 수도 있을 것이다.

소득주도성장이 현실 경제에서 일어나는 각종 부작용에도 불구하고 정책적 유연성을 제대로 갖추지 못하는 이유가 여기에서 시작된다. 경제와 정치의 2가지 목적을 동시에 달성하기 위한 전략이 현실에서 이율배반적인 부작용을 내는 것이다.

경제 질서를 바꾼다는 정치적 목표와 소득을 올린다는 경제적 목표가 서로 상충하는 양상이다. 둘 다 만족할 수 있는 경제적인 대안이 있는지는 학계의 전문적인 논의가 필요할 것이다. 소득주도성장 정책은 개념적 구조는 완벽해 보이지만 현실에서는 예상치 못한 부작용이 심하며, 실현 가능성이 떨어지는 것으로 보인다. 경제와 정치 이중 목표가 주는 혼선과 부작용이다.

추격 집단이 구사하는 경제 정책 전반에서 보이는 양상이다. 소득주도성장뿐 아니라 부동산 정책도 이와 유사한 경우다. 이

중 목표에 따른 부작용으로 문제가 생긴 것으로 보인다. 부동산 질서를 바꾼다는 정치적 목표와 부동산을 안정화하겠다는 경제적 목표가 상충되면서 생기는 현실적 혼란이다. 결국 부동산 소유자는 세금을 내고, 서민은 집을 살 수 없을 정도로 부동산이 오르는 현재의 상황을 맞이한 것이다.

부동산 가격을 안정시키는 것이 최종 목적이 아니라 한 단계 더 들어가서 부를 축적한 자산가를 억제하는 목적이 근본적 대응 방향이기 때문에 부동산 정책의 현실 대응성이 떨어지는 것이다. 부동산이라는 경제보다는, 부동산을 움직이는 현재 경제의 주류 세력을 억제하고 약화하기 위한 목적이 담겨 있어 생기는 일이다. 정부의 부동산 정책이 강력하고 광범위하지만, 부동산 경제 현상을 해결하는 것과는 꽤 동떨어져 있다.

빈대(혹은 그보다 더 큰 무엇이라도)를 잡으려 초가삼간을 태우는데 사람들이 들어가 잘 공간마저 없어지는 형국이다. 좋은 삶을 만들어보겠다는 취지는 모두 공감하지만, 모든 것을 없애겠다는 식의 대책에 누구도 동의하지 않을 것이다.

추격 집단은 이런 정책을 근원적인 처방이라고 주장하지만, 이들 집단이 시행하는 방법은 마취 없이 수술을 감행하는 것처럼 많은 고통을 준다. 심지어 추격 집단이 주장하는 질서가 과연 우리 몸, 사회에 적합한 방식인지도 제대로 파악되지 않고 있다.

정부와 현 여당은 소득주도성장류의 1+1 정책의 폐해나 부작용을 알고 있었을까? 현재 경제 질서가 변한다는 것은 시민이 예기치 못한 피해를 받을 수 있다는 뜻이 포함된다. 정부와 현 여당은 시민이 받을 고통을 알고 있었는지 모른다. 이를 시민이 짊어졌을 공산이 크다.

이런 경제 정책이 현실에서 여러 문제에 직면하는 것은 어찌 보면 당연해 보인다. 소득주도성장이 보조적인 분배성 정책이 아니라, 일국의 경제 성장을 담당하는 핵심적인 성장 엔진으로 적절한지 원점에서 논의해야 할 것이다. 경제학자들이 소득주도성장에 대해 반대 의견을 내놓는 배경을 알아야 한다.

기존 경제 정책의 원리를 거꾸로 뒤집는 소득주도성장의 정책 모델이 현실에서 많은 어려움을 겪거나 그 자체로 현실에 많은 문제를 낳을 것이라는 점을 직관적으로 알 수 있게 한다.

소득주도성장은 현실에서 역피라미드, 거꾸로 선 삼각형이다. 스스로 설 수 없는 구조다. 그래서 정치가 개입된다.

## 숨겨진 칼날

세상의 질서를 거스르는 경제 정책, 보통 그러한 경제 정책에 대해서 부두Voodoo 경제학, 즉 미신 경제학이라고 한다. 소득주도성장은 부두 경제학은 아니다.

부두 경제학은 경제 현상을 고치기 위해서 나름의 경제적인 처방을 하는 것인데, 그 판단이 원시적이거나 옳지 못하다는 결점을 담고 있다. 아이가 독감으로 아픈데 정화수를 떠놓고 산신

령에게 기도하는 것은 병을 고치려는 의도가 없어서가 아니라 원인에 무지해서일 뿐이다. 소득주도성장은 이와는 결이 다르다.

소득주도성장의 경제 기조에 대해 경계심을 가져야 한다. 이런 정책은 숨겨진 칼날이 있다. 애꿎은 서민의 피해를 키울 수 있는 정책이다. 대부분 소득주도성장을 정부의 단순한 경제 성장 정책으로 알고 있다. 소득주도성장이 경제 정책의 외양을 입고 있으니 그럴 만도 하다. 소득주도성장의 정책은 단순한 경제 기조나 정책이 아니다.

소득주도성장류의 경제 정책은 사회 개조 정치라고 해야 적합할 것이다. 추격 집단의 오랜 정체성, 86세대들이 추종했던 변혁 사상의 편린이 보인다. 일부가 소득주도성장을 단순한 경제 정책이 아니라고 비판하는 이유가 소득주도성장의 이런 측면을 엿보았거나 느꼈기 때문일 것이다. 정치적 수단의 성격이 강하다고 지적하는 것이다.

비단 소득주도성장이 실패하고 있기 때문이 아니라도 앞으로 정치권력의 전략적 사회 개조를 막기 위해 한국 사회는 가이드라인을 만들어야 한다. 경제에 정치가 들어가서 기존의 질서를 느닷없이 바꾸는 것에 대해 우리 시민은 얼마만큼 이해하고 이를 정치 세력에게 용납할 것인지를 명확히 해야 한다.

잘살게 해주겠다는 풍요의 약속이 사회를 바꾸겠다는 다른 약속으로 바뀌고, 그나마 풍요의 약속도 지켜질지 모를 상황이 됐다. 소득주도성장의 정체는 무엇인가. 이것은 사회의 질서를 바꾸고자 하는 정치 모델인가, 경제 문제를 해결하려는 경제 정책인가.

가정이겠지만, 국가 운영의 책임을 진 정치 집단이 바라는 방향으로 사회를 바꾸기 위해 소득주도성장이라는 강력한 변화를 수반해야 하는 정책을 시도하지 않았다면 한국 사회는 더욱 견실하게 코로나 위기를 건너고 있을지 모른다.

외환 위기 이후, 최악의 경제 상황에 직면하지 않았을지 모른다. 코로나-19 여파에도 불구하고 한국은 견고한 성장과 번영을 이뤄냈을 수도 있다. 그렇지 않다 해도 소득주도성장 정책의 부작용으로 힘들어하는 시민은 없었을 것이다.

경제 질서를 바꾸기 위해서, 부동산 질서를 바꾸기 위해서, 얼마나 많은 부작용이 생기고 있는가. 그 부작용의 방향으로 시민을 몰아야 하는가. 지금은 한 치 앞도 내다볼 수 없는 코로나-19 시대인데 말이다.

사회의 불평등을 없애는 데는 2가지 방법이 있다. 하나는 경제 성장을 많이 해서 성장이 만든 부를 시장 시스템에 의해 자연스레 나누는 방법이 있다. 다른 하나는 현 상태에서 정부나 사회가 인위적으로 가진 자의 부를 가진 것이 없는 자에게로 이전하는 방식이다.

첫 번째가 가장 좋겠지만 적절한 수준, 다시 말해 정부와 사회의 인위적 개입, 경제 성장이 버틸 수 있는 선에서 분배를 한다면 이는 사회의 윤활유 역할을 할 수 있다.

그러나 분배가 성장을 대신할 수는 없다. 무에서 유를 창조할 수는 없다. 이는 물리의 기본 법칙에도 어긋나는 것이다. 닫힌계에서 에너지의 합은 투입 에너지 총량을 넘을 수 없다.

기존의 경제 정책은 기업 분야의 경제 성장을 바탕으로 국가나 사회의 부를 성장시키는 기본 흐름이 있다. 그런데 소득주도성장은 소비 주체의 소득을 올려서 성장을 이룬다는 역발상을 중심으로 하고 있다. 소득주도성장은 성장 정책이라기보다는 일종의 분배 정책과 유사하다.

소득주도성장의 한계를 설명하기 위해 몇 가지 더 살펴보자. 당신 가계 경제를 생각해보자. 가정의 소득이 일정한 상황에서 소비를 늘린다고 해서 그 집안이 부유해지지는 않는다. 소비로 인해 일시적인 만족감이 들 뿐이다. 현대에는 그런 소비가 가능하다. 바로 금융 상품을 이용해서다. 이런 금융 제도가 바로 카드 대출이나 신용 대출이다.

그런데 이것이 다 빚이다. 그 뒤에는 재무를 꾸준히 갚아야 한다. 아니면 가욋돈이 생겨야 한다. 이 가욋돈을 다른 누군가가 준다면 가계는 보탬이 될 것이다. 그런데 이것이 경제 성장에 도움이 될 것인지는 미지수다. 경제가 성장하려면 저축이 늘거나 투자가 되어야 한다. 가계 소득이 증가해 소비가 늘어난다고 경제가 성장할 것인가.

이 질문에 대한 명확한 답을 소득주도성장을 추진하는 정부가 내놓아야 할 것이다. 소비는 소비이고, 경제 성장은 성장이다. 재화의 생산은 가계가 아닌 기업의 영역이다.

정부도 마찬가지다. 사회의 경제 규모, 즉 소득이 일정한데, 소비 주체의 임금을 올려주게 되면 어디선가 그 증가분만큼 부족한 부분이 생길 수밖에 없다. 나라가 그 부족분을 감당하면 정부의 부채가 될 것이고, 기업이 그 임금의 상승분을 감당하면 기업의 경쟁력은 떨어질 것이다.

기업은 소비 주체보다 자본 여력이 크지만, 시장에서 다른 기업과의 경쟁에서 지면 살아남지 못한다. 기업의 비효율이 커지면 시장에서 도태된다. 소득을 올려주는 것으로 저소득층의 가난이 해결되고 국가가 행복해진다면 세계에 왜 가난이 존재하는가. 국가에 왜 가난이 존재하겠는가.

정부가 모든 시민에게 억대 연봉을 보전해주면 한국의 경제는 초고속 성장을 하지 않겠는가. 어느 나라 정부도 모든 시민에게 억대의 연봉을 주지 않는다. 정부도 재정의 한계라는 경제 법칙을 잘 알기 때문이다. 소득주도성장이 잘되려면 정부는 곳간을 열어 대량의 헬리콥터 머니를 살포해야 한다. 세계는 물론 우리 경제도 어렵다. 정부의 재정 부채가 급속도로 늘고 있다. 소득주도성장이 잘되려면 여러 복지에 정부 재정을 투입해야 한다. 일자리도 정부가 직접 정부 재정을 들여서 만들어야 한다.

정부는 소득주도성장이 성과를 내고 있다며 옹호하지만, 학계나 언론에서는 소득주도성장의 성과가 미미하다는 지적이 이어지고 있다. 소득주도성장의 현실적인 성과가 세간의 비판을 제압할 만큼 뚜렷하거나 압도적이지 않다는 것을 뜻한다. 여러분이 관심이 있다면 소득주도성장의 실패, 적어도 효과에 의문을 갖게 하는 통계를 여러 루트를 통해 쉽게 확인할 수 있을 것이다.

정부는 소득주도성장의 성공을 위해서 지난 수년간 소득주도성장으로 대변되는 정부의 경제 정책을 꾸준히 수행해왔다. 청와대 관계자는 논란이 있을 때마다 '정책 기조에는 변화가 없다'는 언급을 반복했다. 이 시점에도 소득주도성장의 근간이 되는 최저 임금 인상은 둔화되고, 일자리 증가의 효과도 뚜렷하게 보이지 않는데다 소득 개선 효과도 확실하지 않지만, 소득주도성장은 계속 되풀이되고 있다.

정부는 여전히 소득주도성장에 대해 전방위 옹호 태세다. 소득주도성장이 무너지면 정부의 지향점도 무너진다는 인식이 강하기 때문으로 풀이된다. 소득주도성장에서 후퇴하면 소득주도성장을 위해서 실행한 하위 경제 정책이 모두 문제적 정책으로 변할 수 있나.

이번 정부 들어 큰 폭으로 인상하면서 일자리를 없애는 등의 여러 부작용을 낸 최저 임금은 2020년부터 인상률이 크게 낮아졌다.* 최저 임금 인상을 막는 것 자체가 큰 문제인 것처럼 주장해온 정부와 여당이 입장을 선회한 것이다.

코로나-19 여파라고는 하지만 역으로 최저 임금 인상이 소득

---

\* 최저 임금 인상이 가져온 일자리 축소 등의 사회 문제점과 관련해서는 『정책의 배신』(윤희숙, 2020) '제1장 최저 임금-경제적 약자를 외면하다'를 권한다.

주도성장을 더욱 활발하게 했다면 혹은 앞으로 한다면 최저 임금을 더욱 올려야 하는 것이 논리적으로 타당한 정책 집행일 것이다. 결국 정부도 정책의 실패를 자인한 셈이다.

집권 후반부를 향하면서 대통령과 정부의 소득주도성장에 대한 언급이 한때 뜸해지자, 정부와 여당도 소득주도성장의 실효성을 두고 고심이 깊은 상황으로 풀이되기도 했었다. 이에 대해서 정부 측의 답변은 소득주도성장을 포기하지 않았다는 것이었다. 앞서 살펴보았듯이 이번 정부는 소득주도성장을 포기하지 않을 것이다.

정작 힘든 사람은 시민이다. 정부가 소득주도성장을 신줏단지처럼 모시고 있는 통에 현 상황에 적합한 경제 정책이 설 자리가 없다. 정부가 뉴딜 정책 등을 내놓고는 있으나 소득주도성장이라는 기존의 정책이 버티고 있는 상황에서 경제의 큰 변화를 예상하기는 어렵다.

정부는 지금 정책의 병목 현상에 빠졌다고 볼 수 있다. 정책을 계속 추진하지만, 실질적인 효과를 내지는 못하고 있다. 오히려 부작용이 나는 상황일 수도 있으나, 정책을 폐기하고 새로 도입하기에는 정치적 부담이 너무 큰 상황이다.

다른 말로 표현하면 매몰비용Sunk Cost이 너무 커진 상황일 수 있다. 소득주도성장이 가지는 정치적 상징성으로 폐기하지 못하는 속내도 있을 것이다. 반부유층, 반기업, 친서민의 정치적 성향을 드러내는 데 소득주도성장만 한 경제 정책이 없는 것도 사실이다.

대형 선거가 다가오고 있다. 시민의 주머니를 직접 채워주는 형태의 풍요를 약속하는 경제 정책이 끊이지 않을 것이다. 풍요의 약속과 당신의 한 표를 바꾼다면 정부의 창고는 비어가고, 시민의 삶은 힘들어질 것이다.

　　현실을 보자. 소득주도성장으로 고심이 깊은 사람은 정부와 여당이 아니다. 코로나-19 이전부터 소득주도성장으로 인한 최저임금 인상의 여파로 타격을 입은 소상공인이 가장 큰 피해자다.

　　소상공인들은 정부의 약속을 믿고 있을 공산이 크지만, 결과적으로 정부가 한 풍요의 약속은 제대로 지켜지지 않았다. 언론에서 다룬 통계를 봐도 최근의 소상공인들이 얼마나 어려운지 알 수 있다.

　　이를 다룬 한 기사는 "절대다수의 자영업자와 소상공인들이 사업 포기와 빚내서 버티기의 갈림길에 선 상황"이라고 막막한 상황을 표현했다. "자영업자, 소득주도성장에 강펀치 맞았다"라는 표현처럼 소득주도성장의 피해자는 바로 시민이다. 정부가 불평등을 해결하겠다고 주장하지만, 정부의 정책은 거듭 실패하고 있다.

　　세상의 질서를 완전히 뒤집는 호기로움보다는 위정자로서의 정책적 유능함과 전문성이 필요한 시점이다. 한국 경제의 만병통치약처럼 소개된 소득주도성장은 이제 그 위약 효과마저 수년간의 경험 앞에 바닥나고 있다.

　　부자와 대기업으로 치중된 사회적 부를 재편해준다던 풍요의 내일을 약속한 경제 정책, 그러나 현실에서는 서민의 일자리를 없애고 자영업자의 어려움을 가중했다는 의혹을 받는 경제 기조가 바로 소득주도성장이다.

풍요의 약속이었던 소득주도성장에 굿바이를 외쳐야 할 때다. 경제는 경제로 풀어야 한다는 오랜 금언을 새길 때다.

3부

# 역사

현대 정치라는 상징 공간의 탄생과
정치 집단의 상상적 혈통에
관해 알아봅니다.

# 3개의 좌표

## 한국 정치의 시공간

한국 정치에는 전통적인 집단들이 있습니다.
한국 현대 정치의 시공간은
어떤 세력들로 이뤄져 있을까요.
한국 정치의 계보를 살펴봅니다.
정치의 역사를 찾아가 봅니다.

## 상상 속의 혈통

상상해보자. 한국이란 시공간을 과거부터 현재까지 단순화해서 표현하면 어떤 모습일까. 대부분이 단단한 형태의 물리적 공간을 생각하기 마련일 것이다. 커다란 직사각형이나 정육면체를 떠올리기 쉬울 것이다.

이렇게 한국이라는 공간은 건국에서 오늘날까지 변하지 않은 공간처럼 느껴지기 마련이다. 그러나 조금만 자세히 들여다보면 한국이란 공간은 전혀 견고한 공간이 아님을 알 수 있다.

한국이란 시공간은 복잡한 실타래 같은 공간의 집합체다. 시간이 지남에 따라 수축하기도 하고, 단절되기도 하고, 갑자기 부풀어 오르기도 한다. 새로 생겨나기도 하고 먼 미래에는 사라지기도 할 것이다. 어느 나라 역사가 그렇지 않겠냐마는 70년밖에 안 된 한국의 역사는 더욱이 가변적이고 시공간마다 단절된 구조를 보인다. 한국이라는 이름 아래에 다양한 차원의 공간이 존재하고, 시간 역시도 마찬가지다.

공간이 생기면 필연적으로 물질이 생기기 마련이다. 어디에나 움직임이 있기 마련이다. 미약한 움직임은 더욱 큰 흐름을 만들어낸다. 빗방울이 모여 개울을 거쳐 바다로 가듯 말이다. 한국의 정치 공간에도 어떤 한 점에서부터 시작해 작은 움직임이 생기고 이는 이내 집단을 이루고, 한 방향을 만들어내는 거대한 힘의 흐름이 되었다.

한국의 정치 시공간도 수십 년 만에 거대한 힘의 흐름이 교차하는 거대한 시공간으로 확장되었다. 인간의 관념 속에 존재하는 시공간에 각각의 분기점이 존재하듯, 현대 한국 정치에도 분기점 역할을 하는 좌표가 있다. 정치 분기점이 생기는 주된 이유는 시대의 요구에 의한 것이다.

특정한 시대는 그 시대만의 현상과 문제를 담은 시대정신이 있다. 정치는 구조가 다층적이다. 정치의 시공간에는 여러 세력과 여러 요청이 혼재해 있다. 온갖 종류의 실타래가 묶인 혼돈의 시공간이 정치의 시공간이다.

하나의 시대에 하나의 시대정신만이 존재하는 것이 아니다. 상대적으로 더 많은 지지를 받는 시대정신이 경쟁하는 다른 시대정신들보다 압도적으로 부각하는 것일 뿐이다. 각각의 정치 집단은 자신이 지향하는 특정 시대정신을 기반으로 다른 시대정신을 내세우는 세력과 선의의 경쟁을 하거나 집단의 운명을 걸고 생사를 다투는 전쟁을 불사하기도 한다.

이런 시대정신이 한 시대를 풍미하다가 급격히 사라지는 순간, 당시 정치의 시공간을 장악한 정치 집단이 와해하기 시작한다. 물론 와해의 조건은 매우 다양하다.

사회의 변동으로 시대정신의 근본적인 문제가 생겼을 수도 있고, 시대정신과는 무관하게 이를 바탕으로 정치권력을 행사하는 집단의 부정부패가 와해의 트리거가 될 수 있다. 혹은 외세 침략이나 내전에 의해 시대정신과는 무관하게 정치 집단이 사라질 수 있다. 그런 상황을 제외하고, 대개 정치 집단의 부침은 시대정신과 깊이 연관된다.

시민의 지지를 받는 시대정신을 올바르게 시전하는 정치 집단은 정치의 시공간에서 강력한 흐름으로 떠오르고, 과거의 시대정신에 매달리거나 시대정신을 진정성 있게 실행하지 못하는 집단은 퇴색된다. 소수의 지지를 받는 시대정신도 영향력이 있는 경우, 그 정치 집단은 상당한 생명력과 세력을 가지고 유지된다. 시대정신의 원천이 지역이든 가치든 무관하다. 정치 시공간의 변화가 시대정신이라는 핵심적 변수에 의해서 이뤄진다는 점은 확실하다.

한국 정치에도 변화의 분기점이 있다. 정치 영역에서 변화의 분기점이 된 지점이 한국 정치의 좌표라 하겠다. 좌표라고 부르는 이유는 특정 좌표라는 분기점을 찾아가면 정치 세력의 연원을 파악할 수 있기 때문이다.

좌표를 바탕으로 특정한 시대를 나누는 것도 가능하다. 고대사를 신석기, 구석기, 청동기 시대로 나누듯이 말이다. 청동기가 시작되면서 서서히 석기 시대 문화를 밀어내듯, 정치의 좌표도 급격히 떠오른 정치 흐름이 이전 시대의 유산을 흘려보내고 다른 시대를 맞이하게 된다.

한국 정치의 좌표를 나누는 방식은 여러 가지가 있을 것이다. 정치 드라마처럼 공화국 체제로 나눌 수도 있고, 단임제 체제에서는 대통령 임기별로 구분할 수도 있다. 이 구분 방식은 『정치학』교과서나 역사책에 잘 정리되어 있기에 여기에서는 인물로 대변되는 정치적 상징에 따라 구분해본다.

2020년 한국 정치에 강력한 영향을 주는 정치 문화나 집단을 생각해보자. 크게 3개의 좌표 혹은 부류로 정리할 수 있겠다. 이는 특정 정치인의 이름으로 표현할 수 있다. 박정희, 김대중, 노무현으로 표현된다. 오늘날 한국 정치에서 강력한 영향력을 가진 상징 혹은 정치 집단 순서로 정렬한다면 노무현, 박정희, 김대중 순일 것이다.

이들의 좌표 뒤에는 각각의 강력한 시대정신이 뒷받침되고 있다. 시대정신이 뒷받침된다는 것은 이를 지지하는 강력한 지지층이 존재한다는 의미다. 현대 한국 정치는 이들 3가지 세력이 경쟁하고, 공존하고, 때로는 혈투를 벌이는 시공간이다. 이들을 이해하는 것은 한국 정치를 꿰뚫는 일이 된다.

이들 각 좌표와 인관된 정치 세력을 이해하려면 그들이 누구이고 노무현, 박정희, 김대중이란 이름 세 글자가 상징하는 것이 무엇인지, 또 이 인물이 누구인지를 추적하는 것이 상당히 유의미하다.

좌표를 하나하나 짚으면서 거슬러 올라갈 수도 있을 것이다. 또는 현재 시점에서 가장 번성한 정치 집단이 어느 좌표에서 비롯됐는지를 거꾸로 거슬러 내려오면서 파악해도 좋을 것이다. 이 방식 모두 지금의 정치 상태를 제대로 파악하는 데 상당히 도움이 될 것이다.

3가지 좌표는 이렇다. 박정희, 김대중, 노무현은 시간 순이고 노무현, 박정희, 김대중은 현재의 세력 순이다. 과학 교과서의 진화론에만 계보도가 있는 것이 아니다. 정치에도 계보가 존재한다. 상상의 혈통이지만 정치의 혈통이 존재하는 것이 엄연한 현실이다.

정치에는 사상이 필수적이기에 선대의 정치에서 자신의 사상적 계보를 주장하는 일이 빈번하게 일어난다. 정치적 상상력에 따라 후대 정치인들이 만들어낸 계보다. 생물학적인 DNA는 아니지만, 사상의 DNA가 유사하다고 주장하는 방법이다. 세상을 등진 선대의 유명인이 후대의 조상신이 되는 것과 비슷한 상황이다.

한국의 오늘날 정치는 박정희, 김대중, 노무현으로 상징되는 이념적 가치 계보가 있고, 이를 추종하는 혹은 추종한다고 주장하는 다수의 정치 집단이 대의민주주의 제도 아래에서 정치권력을 두고 경쟁을 벌이고 있다.

많은 이가 정치적 족보로 불리는 상상적 혈통이 실재한다고 믿는 경우가 많다. 상상 속의 혈통을 한 번 그려보자. 3개의 좌표를 중심으로 시간 순서로 정리한 한국 현대 정치의 계보도다.

글자 크기는 각 좌표 세력의 강약을 나타낸다. 계보도의 특성상 선대 좌표보다 하단 영역에 있는 세력은 앞선 좌표의 영향을 받는다는 것을 나타낸 개념도다. 계보도를 보면 박정희 좌표 계

| | 주도 집단 | | 추격 집단 |
|---|---|---|---|
| 1961 | 박 정 희 | | |
| 1980 | 전 두 환 | | |
| 1997 | 노 태 우 | 김 영 삼 | 김 대 중 |
| 2002 | | | 노 무 현 |
| 2007 | 이 명 박 | | |
| 2012 | 박 근 혜 | | |
| 2016 | 탄핵 | | 폭풍의 시간 |
| 2017. 3 ~ | | | 문 재 인 |
| 현재 (2020) | 現 야권 | | 추격 집단의 뉴노멀 정치 정부·여당 |

열의 정치 집단, 구舊 주도 집단이 한국 정치의 시공간에서 많은 영역을 차지한 것을 알 수 있다.

박정희 좌표의 세력은 전두환, 노태우, 김영삼으로 이어지다가 김대중·노무현 좌표와 부닥치며 영역의 축소가 확연해진다. 그럼에도 구 주도 집단의 정치적 영향력은 크게 줄어들지 않았다. 팽팽한 세력 대결에도 불구하고, 노무현 정부 이후 10년 만에 재

집권에 들어간 구 주도 집단은 오히려 이때부터 본격적인 시련을 겪기 시작한다.

이명박 정부는 시작하자마자 미국산 쇠고기 수입 파동으로 그 정치적 영향력을 상실하기 시작했고, 2008년 글로벌 금융 위기의 능동적인 대처로 민심을 수습해 간신히 정부를 이어갔다. 그런 권력의 공백 속에서 추격 집단은 급성장했다. 박근혜 대선 캠프는 노무현 좌표를 이어받은 추격 집단의 거센 추격을 겨우 이겨내고 박근혜 정부를 출범시켰다.

누구나 알듯이 박 정부는 임기를 마치지 못하고 막을 내렸다. 박 정부의 탄핵은 한국 헌정사에서 처음 있는 정치적인 대사건이었다. 이로 인해 가깝게는 박정희 좌표, 멀게는 한국 건국 좌표 이후로부터 내려온 한국 정치의 메인스트림(주류)은 세력이 급격히 줄어들었다. 그리고 주류 세력이라는 타이틀을 추격 집단에 넘겨주는 상황에 이르렀다. 추격 집단의 뉴노멀 정치라는 정치적 현상을 불러일으켰다.

이명박, 박근혜 정부 모두 시대정신의 변화를 제대로 파악하지 못하고 대응하지 못한 채로 정치를 시작했기 때문에 벌어진 일이었다. 시대정신이 급변하는 시기에 오래된 시대정신 장치를 둘러멘 두 대통령의 안타까운 국정 운영은 결국 두 사람 모두를 구치소 독방으로 안내하게 했다. 두 사람 모두 정치적인 영향력이 강대했다면 다른 루트가 있었을 것이다. 시대정신을 부여잡지 않은 정치 지도자의 운명이라 하겠다.

폭풍의 시간인 탄핵 이후를 보면, 현 정부와 여당의 정치 세계의 원류에는 2개의 좌표가 있다. 조금 더 거슬러 올라가면 김대중 좌표가 있고, 바로 직전에는 노무현 좌표가 있다는 것을 알 수 있다. 오늘날 강력한 정치력을 보이는 추격 집단의 원조는 바로 노무현 좌표다.

박정희, 김대중, 노무현 좌표가 현대 한국 정치의 좌표가 된 데는 시민의 강한 지지가 여전히 유지되고 있기 때문이다. 근원적으로 3개의 좌표가 지향하는 시대정신이 여전히 강력한 지지를 받는 상황이다.

박정희 좌표는 1961년으로 거슬러 올라가고, 김대중 좌표는 2번의 큰 변화를 거치는데, 더욱 강력해진 계기는 1980년이다. 노무현 좌표는 2002년부터 시작된다.

박정희, 김대중, 노무현의 좌표를 더 단순화하면 박정희 대 노무현의 구도로 집약된다. 이것이 2000년대 이후의 정치 세력 분포다. 2002년부터 2017년까지의 정치 상황이다.

박정희 좌표가 상징하는 정치적 지향은 무엇이고, 노무현 좌표가 지향하는 정치가 무엇이기에 이 두 세력은 강력한 경쟁 관계를 이어온 것인가. 본격적으로 박정희-노무현 좌표의 동학, 긴장과 갈등에 대해 논의하기 전에 각 좌표에 대한 기본적인 설명을 진행하려 한다. 시간적으로 보면, 박정희 대통령 이름으로 상징되는 좌표를 따르는 정치 세력이 가장 오랫동안 정치·사회·문화적 영향력을 끼쳐왔다.

박정희 전 대통령이 서거한 해가 1979년이란 점을 고려하면 60년간 한국 사회와 정치에 군림한 강력한 정치 상징이 박정희 좌표다. 이를 계승한 세력도 실제적인 정치권력, 정치 집단이었다. 박정희 전 대통령이 한국 산업화, 고도성장 자본주의, 강력한 국가, 코리안 드림의 상징이라는 점에 대해서는 아무도 반대하지 않을 것이다.

오랜 세월이 흐른 만큼 박정희 좌표의 영향력을 분석하는 것도 광범위한 작업이 될 정도다. 박정희라는 상징이 주는 영향력은 2000년대 이후 정치 상황에도 한국 사회의 강력한 준거 틀로 작용해온 점은 분명하다. 박정희 좌표의 신드롬은 혈육인 박근혜 전 대통령이 대통령에 오르는 밑바탕이 되었다. 한편에서는 그 상징이 현실 정치에서 거대한 짐이 되기도 했다. 오래된 시대정신을 새롭게 계승하지 못한 후계자의 한계였다. 강력한 좌표의 후광이 준 그림자인 셈이다.

박정희 좌표 세력은 현 야권 정당으로 이어지고 있다. 전체적인 세력은 탄핵 이후 쇠약해지고 있다. 탄핵 이후의 첫 전국 국회의원 선거인 21대 국회의원에서 경북·경남 지역을 중심으로 수성을 해서 103석의 의석을 확보하고 있다. 폭풍의 시간부터 정당이름을 새누리당 → 자유한국당 → 미래통합당 → 국민의힘으로 바꿨다. 과거 한국 정치의 주도적 세력이었으나 지금은 외연이 대폭 축소된 데다 슈퍼 여당이라는 뉴노멀 정치 환경에서 악전고투하고 있다.

오늘날 가장 강력한 노무현 좌표를 설명하기에 앞서 여러분의 궁금증을 하나 짚고 넘어가겠다. 김대중 좌표는 왜 생략하는지 의아해하는 분들이 많을 것이다. 물론 김대중 좌표도 현대 정치 세계에서 여전히 강력한 지역 기반을 바탕으로 한 유의미한 상징체계다.

김대중 좌표는 특정 지역을 대표하며 인권적 감수성이 강하고, 한편에서는 한국의 주도적 정치 상징인 박정희 좌표에 대항하면서 성장해온 정치 좌표다. 김대중 좌표는 박정희 상징이 가지는 성장 우선의 가치에 대항하거나 다수의 논리에 저항하면서 만들어진 정치적 체계다.

김대중 좌표는 권위주의로 발전해간 박정희 좌표의 상징을 내세운 정치 집단과 강력한 대결 구도를 세워왔다. 특히 박정희 서거 이후 전두환 군부 세력이 집권하면서 박정희와 김대중 좌표는 양립할 수 없는 상징으로 결정되었다. 이후 김대중 좌표는 산업화나 경제 번영의 가치보다는 복지·분배·인권·평화적 대북 관계를 중요시하는 정치 상징체계로 발전했다.

박정희-민주화 세력 간의 오랜 긴장과 갈등과 경쟁이 만든 동학이 한국의 주도자-추격자 정치 모델을 만든 원동력이다. 김대중 좌표도 거기에 큰 몫을 했다. 김대중 좌표가 노무현 좌표에 흡수되긴 했어도, 이 좌표가 가지는 위상은 독특하며 여전히 폭발력 있는 결집력을 보여준다. 김대중 좌표의 상징도 강한 지역적 연고를 보이는데, 이러한 구조적인 한계로 정치적 외연을 확장하는 데 한계가 있다.

'지역주의의 벽'이라고 불리는 것이다. 김대중 좌표는 지역 인구 구조의 물리적 한계로 인해 정치 공간에서는 필연적으로 동반 세력을 발굴해왔고, 이로 인해서 다른 지역을 흡수할 수 있는 노무현 전 대통령 및 그 세력과 손을 잡게 된다. 이후 김대중 좌표의 시대정신은 노무현 좌표 세력과 갈등을 겪었지만, 현재 기준으로 노무현 좌표와 약한 수준의 연합을 이어가고 있다.

박정희 좌표에 대응하는 상징으로 김대중 좌표가 아닌 노무현 좌표를 거론할 수 있는 이유는 단순하다. 김대중 좌표로 대변되는 가치보다 노무현 좌표로 상징되는 가치가 오늘날 더 강력하기 때문이다. 김대중 좌표는 노무현 좌표 세력과 긴장 관계를 가지다 2017년 탄핵의 시간 이후 노무현 좌표에 흡수되는 양상을 보였다.

오늘날 한국에서 가장 강력한 정치 집단인 노무현 좌표 세력에 대한 설명이다. 오늘날의 정치 주도 세력인 뉴노멀 정치의 추격 집단이다. 정치인 노무현이 설정한 정치적 좌표를 지향한다고 주장하는 세력이 이끄는 정치다.

노 전 대통령이 만들고 설계한 혹은 그로부터 파생되는 정치적 관념의 유산을 향유하고 있다. 탄핵 이후에 지금까지와는 이

질적인 정치 질서의 표준을 만드는 와중이다. 뉴노멀 정치라고 표현될 정도로 강력한 정치권력을 가지고 있다.

정당으로는 현 정부 여당인 더불어민주당(이하 민주당)으로 치환된다. 정당은 추구하는 핵심 가치를 '강령'이라는 이름으로 공표한다. 민주당의 강령은 공식 홈페이지를 보면 '공정·안전·포용·번영·평화를 지향한다'고 되어 있다.

경제적으로는 재벌 중심 경제 구조와 사회 양극화 해소, 정치적으로는 실질적 민주주의 확장, 사회적으로는 계층·지역·성·세대 간 갈등을 해소해나가는 노동 존중 사회를, 평화·외교 분야에서는 한반도 평화 통일을 핵심적으로 추구한다고 밝히고 있다.

지역적으로는 경남 중심의 영남, 서울·수도권, 호남 세력이 분포하고 있다. 정치인은 영남 기반이지만 주된 지지 기반은 서울·수도권이다.

호남을 기반으로 한 세력은 2016년 20대 국회의원 선거에서 분리되어 나갔다가, 탄핵 정국과 포스트 탄핵 이후에 구정치 세계의 균열과 붕괴를 이기지 못하고 다시 흡수됐다. 이로 인해 현재는 노무현 좌표 세력의 거대한 우산 아래 노무현·김대중 좌표가 연합한 세력이 한 정당의 울타리에 함께 있다.

노무현 좌표 세력은 20년 전만 해도 미미한 세력이었다. 노무현 전 대통령은 국회의원 시절에 간혹 시민의 주목을 받기는 했으나 대권을 넘보는 잠룡으로 본격적으로 불리게 된 것은 2002년부터의 일이다.

훗날 노무현 좌표에 결합해 주축이 되는 86운동권 세력도 2000년대 이전에는 학생 운동권 출신으로 불리며 제도권 정치 밖에 있었다. 제도권 정치인들은 김대중 좌표 세력이 대부분이었다. 2000년 이전에만 해도 이들의 국민적 지지나 인지도가 미미했다고 볼 수 있다.

김대중 정부가 열리고 난 뒤인 2000년대부터 지금의 노무현 좌표 세력이 되는 이들이 정치 신인으로 본격적으로 제도권 정치 진입을 시도한다. 노무현 좌표 세력의 핵심이 된 86운동권이 정치 엘리트로 발돋움하게 되는 시기다.

노무현 좌표의 마중물 역할을 한 김대중 좌표 세력은 오랜 기간 강력한 추격 집단으로 존재했기에 국회의원의 숫자는 많았으나 1997년 대선 이전에 대통령을 배출한 적은 없었다. 김 전 대통령도 1997년 대선 당선 전까지는 추격 집단의 수장으로 머물러야 했다. 여러 차례에 걸친 그의 도전은 좌절되고는 했다. 대통령이 되었을 때가 이미 일흔을 넘긴 나이였다.

김대중 좌표와는 결이 크게 다르면서도, 극적인 선거 승리로 대통령과 행정부 권력을 넘겨받은 정치인이 바로 노무현 전 대통령이다. 하지만 김대중-노무현으로 이어진 추격 집단 간의 권력 이양 릴레이는 더는 이어지지 않았다.

행정부 권력을 잃었으나, 그럼에도 노무현 좌표 세력은 강해져 있었다. 추격 집단으로부터 행정부와 입법부를 회수한 주도 집단은 실질적인 국정 운영에 어려움을 겪기 시작한다. 집권 10년간의 국정 운영 경험을 쌓은 추격 집단은 강해졌고, 10년을 야권으로 있다가 여권으로 공수 교대한 주도 집단은 그 정도로 강해져서 돌아오지는 못했다.

시민 여론 풍향계를 돌리는 데 능숙해진 추격 집단은 상당히 효율적으로 낡은 프레임에 갇힌 주도적 집단을 오랜 시간에 걸쳐 허울뿐인 주도 집단으로 만들어갔다.

10년의 국정 운영 기간 동안 추격 집단의 경험은 더욱 풍부해지고 무엇보다 인적 자원 풀은 주도 집단에 버금갈 정도로 엘리트화되고 풍성하고 다채로워졌다. 김대중·노무현 정부 당시 밑알을 뿌린 시민 사회 영역도 급성장해서 원외 정치의 강력한 지원군으로 성장한다.

추격 집단의 성장한 역량은 9년 뒤에 결실을 본다. 폭풍의 시간인 탄핵 국면에서 빛을 발하게 된다. 탄핵이라는 정치적 분절점 이후에 치러진 2017년의 대통령 선거에서 노무현 전 대통령의 최측근 인사를 2012년 대선에 이어 또 한 번 대선 후보로 내세웠고, 정권 탈환에 성공한다.

9년여 만에 다시 청와대와 함께 정부 여당이란 입지를 회복한 것이다. 임기 말로 가는 시기에 치러져 민심 이반 가능성이 높은 총선에서도 압승해 입법부 권력도 좌우하는 세력이 된다. 현역 국회의원을 가장 많이 보유한 제1정당이 되어 국회의원 전체 300석 가운데 180석을 얻었다. (비례연합 정당 몫을 포함해 2020년 현재는 174석이다.)

국회는 법을 만드는 기관으로, 법이 정한 한도 내에서 다수결의 원칙을 기본으로 한다. 법을 만들기 위해서는 찬성에 동조하는 의원의 숫자가 절대적이다. 국회 입법 권력은 과반을 넘겨야 안정적인 정국 운영이 가능한데, 역대 이를 무난하게 달성한 정당은 흔치 않았다. 170석이 넘는 숫자는 꿈의 숫자, 정치 세계의 드림팀이라 할 만하다.

## 여름 난로, 슬픈 운명

오늘날의 정치 세계는 정확하게 말해서 정치인 노무현의 유산이 이어진 세계다. 오늘의 정치에는 다 이유가 있고, 그 배경이 있다. 바로 노무현 좌표에서 오늘의 정치가 비롯된다.

오늘날 정치 현상을 이해하려면 노무현 좌표에 대한 이해가 선행되어야 한다. 노무현 좌표는 어떻게 만들어졌고, 어떤 가치 체계를 가지는지 살펴보자. 뉴노멀 정치 동학의 설계자인 노무현 전 대통령의 정치 역정을 파악해보자.

지금으로부터 스무 해 조금 더 전에서 시작하자. 비교적 최근의 시간적 좌표다. 노무현 전 대통령이 대통령에 당선된 지는 벌써 20년이 가까워지고 있다.

1997년 12월 18일 제15대 대통령 선거 한 달 전, 당시에는 소신파 정치인으로 평가를 받았으나, 많은 이가 눈여겨보지 않았던 한 인물이 김대중 캠프에 합류한다. 그가 바로 노무현 전 의원이다. 15대 국회의원 선거에서 낙선한 그는 자신의 앞날을 예견하지 못한 듯 낙선 의원들과 함께 은행 대출을 얻어 서울 강남에 하로동선夏爐冬扇이란 상호의 식당을 차리기도 했다.

하로동선은 여름의 난로, 겨울의 부채라는 뜻이다. 중요한 존재들이나, 각자 쓰이기 위해서는 때를 기다려야 한다는 의미다. 노무현을 비롯해 낙선 의원들의 심경을 담은 식당 이름으로 보인다. 큰 뜻을 품기 위한 포석이었는지 모르나 달리 보면 선거에서 연거푸 패한 전직 국회의원이자 지역 변호사의 다소 초라한 행보였다.

그런 그가 이회창 대세론 속에서도 상대적으로 열세인 김대중 후보 캠프로 합류를 결정한 것, 그 자체가 특정 좌표의 서막이 되리라고는 당시의 누구도 예상치 못했다.

'3김'-김영삼, 김대중, 김종필이라는 오래된 정치 거목巨木에 대한 회의론, 3김 청산 여론이 일고 있었기에 오랜 시간 대통령에 도전했다가 실패를 거듭한 김대중 후보의 승리를 기대하는 것 또한 당시로는 쉽지 않은 일이었다.

이 때문에 노 전 의원의 선택이 또 한 번의 필패 카드라고 보는 이들이 많았다. 표면적인 이유야 여러 가지였겠지만 그가 김대중 후보의 당인 새정치국민회의에 입당하자 주변에서 절교하는 이들도 있었다고 한다.

확실히 1997년은 한국의 거대한 분기점이었다. 1997년 후반기는 한국 사회가 격변한 시점이기에 많은 변화가 그 시점에서 시작된다. 모든 일은 한꺼번에 일어나고, 정신없이 터져 나오기 마련이다.

그해 12월, 정치 세계는 오랜 대단원의 막을 내리게 된다. 추격 집단의 수장인 김대중 후보가 대통령이 된 것이다. 여권의 후보 난립이 직접적인 이유였으나, 김대중 후보가 당선된 배경에는 1997년을 관통한 초유의 퍼펙트 스톰인 IMF 관리 체제가 있었다. 선거 직전에 닥쳐온 역대급 재난인 경제 위기는 기존의 주류 정치 세력에 단호히 책임을 묻는 계기가 되었다.

대통령이라는 부동의 정치권력도 예외가 아니었다. 위기 속에서 한국 정치도 초유의 변동을 겪었고 건국 이후부터 이승만-박정희-김영삼으로 이어진 한국 정치 주도 세력이 정치권력의 권좌에서 밀려났다. IMF 구제 금융에 대한 조건으로 경제 질서가 송두리째 바뀌는 와중에다 정치 환경도 급변하면서 한국 사회는 상당한 갈등 국면으로 치달을 수 있는 환경이었다.

오랜 시간 정계를 이끌어온 김대중 대통령은 일각의 우려와 달리 국정을 잘 수행해나갔다. 경제 위기로 한국의 고통이 극심해질 무렵인 1998년 여름, 노무현은 서울 종로구의 보궐 선거를 통해 다시 국회로 입성하게 된다. 정치 1번지 당선 의원이라는 타이틀을 거머쥔 화려한 원내 정치 복귀였다.

나라 상황은 처참했다. 기업들이 연이어 도산하면서 각종 노동 문제가 생겼다. IMF는 강력한 처방전에 해당하는 국제적 기준을 한국 시장에 적용했다. 위기라는 틈바구니에서는 많은 애

환과 울분이 생겨나기 마련이다.

가진 자와 못 가진 자가 선명해지는 그 시기에 정치인 노무현은 서서히 자신의 존재감을 정계에서 드러내기 시작했다. 자신이 연거푸 낙선한 부산 정치 복귀를 선언하고 2000년 16대 총선에서 부산 지역구로 향했다. 그는 또 낙선했다.

지역주의를 타파하겠다는 명분에 지역구 주민은 등을 돌렸는지 모르나, 순수한 명분을 내세운 그의 전국적 인지도는 더욱 치솟기 시작했다. 바로 직전 보궐 선거로 당선된 서울 종로구를 뒤로하고 부산행을 택했다는 점에서 그의 행보는 국민의 눈길을 끌기 충분했다.

그에게 '바보 노무현'이라는 타이틀이 붙었다. 청장년층에 영향력이 막강했던 당시 진보 언론 주간지에서는 그를 차세대 리더십 1호라고 평가하며 대통령으로 점 찍어두기도 했었다. 정치인 노무현의 기반은 그렇게 천천히 만들어지고 있었다. 기존의 정치 어법과 다른 무모해 보이는 노무현의 정치적 도전은 그를 정치 좌표의 분기점으로 만들어냈다.

노 전 대통령의 '개천용' 이력과도 맞닿아 하나의 상징처럼 만들어지기 시작한다. 고졸로 토굴을 파고 독학으로 사법고시를 통과한 인물이 주는 아우라는 상당했다. IMF 시대는 시대정신으로 불평등을 전면으로 내세우도록 했고, 노 전 대통령은 그 자신의 삶과 언행이 한국의 불평등을 파괴할 살아 있는 아이콘 그 자체가 되었다.

인터넷의 발달이라는 시대 변화도 그에게 날개를 달아준다. 2000년 6월, 노무현은 팬클럽이 만들어진 최초의 정치인이 됐다. 노사모 홈페이지가 만들어졌다. 창립총회는 대전의 대학교 앞 PC방에서 진행되었다.

'노무현을 사랑하는 사람들'이라는 이름의 인터넷 정치 집단, 노무현 이전에 없던 일이었다. 한국의 정치 판도를 바꾸는 인터넷 정치 팬덤이 시작되고 있었다. 디지털 팬덤 정치라는 현대 정치의 시작점이 2000년 6월이다. 그 시작에는 낙선의 늪에서 화려하게 부활한 노무현 전 의원과 노사모라는 인터넷 팬클럽 집단이 있었다.

혜성처럼 중앙 정계로 날아든 노무현 전 의원은 김대중 정부에서 해양수산부 장관을 지낸 뒤인 2002년, 당 안팎의 한화갑, 이인제, 정몽준 후보를 극적으로 이기며 대역전극을 이어간다. 불과 수년 만에 거물 정치인으로 전면에 나서게 된 것이다.

노무현의 등장은 당시로는 특이한 경로라 할 수 있다. 노무현 시대 앞에는 단단한 정치 구조가 있었기 때문에 그의 도전은 더욱 신선했고, 역설적으로 그가 민심의 지지를 받게 되는 기반이 된다.

바로 3김 정치라는 시대인데, 이는 한국의 오랜 정치 질서를 지칭하는 고유 명사로 불릴 정도였다. 김영삼, 김대중, 김종필이 3김 정치의 3명이다. 이 가운데 2명의 김 씨는 대통령에 오른다.

김영삼은 1992년, 김대중은 1997년에 각각 대통령이 된다. 김영삼 전 대통령은 1954년 20대에 국회의원이 됐고, 대통령이 되기 전까지 긴 시간에 걸쳐 민주화 운동을 이끄는 야당 지도자 역할을 한 뒤 "호랑이를 잡으러 호랑이 굴로 간다"라는 말을 남기고 당시 집권당과 합당해 여와 야를 오갔다.

김대중 전 대통령은 여러 차례 도전 끝에 1998년 대통령이 되었고 그때 이미 73살이었다. 김종필 전 총리는 대선 직전 DJP 연합으로 총리를 지냈다. 3김 정치의 마지막이었다. 3김 정치 시대에도 정치는 혼란스러웠지만 모두 3김 체제의 틀 속에서 일어나는 일이었다.

3김의 눈 밖에 나면 정치계에서 버틸 수 없었다. 전개는 혼란스럽고 걱정적이었으나 수인공과 등장인물은 오랫동안 똑같았다. 3김의 벽 앞에서는 누구도 힘을 쓰지 못했다.

오랜 3김 정치 시대가 지나자 정치 세계의 주인공이 모두 바뀌게 된다. 시대는 변화된 시대정신을 표현할 인물을 원했다. 그 지연된 정치적 갈증이 노무현이라는 대통령 후보를 통해 분출된다.

한국 정치는 천천히 오르막을 오르다가 어느 순간 불쑥 몇 개의 계단을 한 번에 뛰어넘었다. 노무현 좌표가 대중에게 새로움이라는 키워드를 내재하게 되는 계기가 된다.

노무현 전 대통령의 여기까지의 이야기를 정리하면, 노 전 대통령의 정치적 삶은 너무나 극적이고 행복한 일의 연속이었다. 그러나 인생도 역사가 그렇듯 희극과 비극이 잇따르는 것이다.

대통령 자리까지 한달음에 간 노 전 대통령은 그 이후부터 고난의 길을 걷게 된다. 노무현 좌표가 한恨을 가진 이유다. 노 전 대통령은 시대의 흐름에 선택된 인물이었으나, 현실에서 성공한 대통령은 아니었다.

다름 아니라 현실 정치인은 현실에서 그에 따른 평가를 받는데, 노무현 전 대통령은 임기 내내 받은 평가가 좋다고 하기 어렵다. 단순히 국정 지지율만 본다면, 그의 국정 수행 능력은 좋지 않거나 나빴다고 평가하는 것이 솔직한 말이다.

그는 대통령 임기 내내 고독하고 힘들었던 정치인이었다. 노 전 대통령은 임기 중반부터 야당은 물론 자신이 몸담은 여당으로부터의 공격 속에서 정치적 고립무원 상태를 견뎌야 했다. 시대의 변화를 예고하는 파도를 타고 혜성같이 나타나 권력의 첨탑 위에 올라섰지만, 더는 길이 보이지 않았다.

노 전 대통령은 임기 시작부터 지지 기반과도 갈등을 겪었다. 전임 대통령 세력인 김대중 좌표 세력이 반발했다. 당내 갈등은 커지고 분당 사태로 이어진다. 노 전 대통령과 일부는 새 여당인 열린우리당을 만들었다. 이런 갈등은 다른 곳으로 번지게 된다. 이때의 갈등은 임기를 4년이나 남긴 노 전 대통령을 탄핵 위기까지 몰고 간다.

탄핵은 헌법재판소에서 불발된다. 당시 국회 탄핵안을 표결하는 데 참가한 195명 가운데 193명이 찬성했다. 그 국회 투표에 노 대통령과 한솥밥을 먹던 김대중 좌표 세력인 새천년민주당 의원이 50여 명 참여했다.

노 전 대통령은 열린우리당이라는 신당에 안착하지만 임기 말에 결국 당적을 정리해달라는 요구를 받게 된다. 그도 전임 대통령의 선례를 벗어나지 못하고 당적을 정리하고 만다.

> 신당新黨하겠다는 분들하고도 협상하겠습니다. 대통령 때문에 탈당한다면 차라리 그 사람들이 당을 나가는 것보다는 내가 당을 나가는 것이 당을 위해 좋은 일 아니겠느냐 그렇게 생각합니다.*
>
> 노무현 전 대통령, 2007년 1월

차기 권력을 창출하는 데 걸림돌이 된다는 당내 여론에 밀린 것이다. 그가 만든 열린우리당은 대통령 임기를 마치기도 전에 사라졌다. 흔들린 아성은 회복되지 못했다. 정치적으로 고립된 상황에서 대통령에서 물러났다.

폐족이라는 비난 속에서 물러난 노 전 대통령은 다음 정부가 들어서자 검찰 수사를 받게 된다. 이명박 정부는 전직 대통령을 수사하면서 임기 초부터 쑥대밭이 된 정권의 힘을 과시하려 했

---

* 「노 대통령 신년기자회견 "중요한 것은 개혁의 속도… 할 일 제때 해야"」, 대한민국 정책브리핑 공식 홈페이지, 2007년 1월 25일.

을 가능성이 크다. 권력을 잡은 이들이 지난 정부를 향해 되풀이 해온 드잡이 굿이었다.

한국 대통령의 숙명이기도 했다. 노무현 전 대통령이 다른 대통령과 다른 점이 있다면 대부분의 전직 대통령은 법의 판결에 따라 수형 생활을 했거나 하고 있다는 점이다.

물론 오랜 시간 고립된 상태에서 힘든 시간을 겪은 노무현 전 대통령에게 퇴임 후 가족을 직접 겨눈 검찰 수사는 상당한 압박으로 다가왔던 것으로 보인다. 그는 다른 길을 택했다. 그것은 돌아올 수 없는 선택이었다.

퇴임 이듬해인 2009년 5월, 노무현 전 대통령은 자신의 컴퓨터에 남긴 파일에 이렇게 적었다. "아주 작은 비석 하나만 남겨라. 아주 오래된 생각이다." 시대의 분기점에서 올라섰던 거인이 스스로 삶을 저버렸다.

노란색 손수건, 풍선, 모자…. 2009년 5월 서울광장에는 노무현 전 대통령을 상징하는 노란색이 물결쳤다. "노무현 대통령 당신, 죽어서도 죽지 마십시오. 우리는 당신이 필요합니다." 김대중 전 대통령이 썼다는 추모사의 한 구절이다. '작은 비석 하나만 남겨달라'는 그의 유언과 달리 한국 정치는 그를 세상의 전면으로 일으켜 세웠다. 노란색 물결이 넘쳐나기 시작했다. 슬픈 운명과 한恨, 강력한 스토리를 가진 노무현 좌표가 등장한다.

인간 노무현의 시간은 끝났지만, 한국 정치에 노무현이라는 거대한 좌표가 새겨졌다. 그의 정치 입문 이후부터, 짧게는 2002년부터 2009년까지 이어진 정치인 노무현의 격정적인 여정은 한국 정치의 분기점을 만들어냈다.

여름철 화로 같은 인생을 살다 그가 세상을 떠나자, 냉정하게 등을 돌렸던 세상은 그를 다시 찾기 시작했다. 불평등을 해결하려 한 그가 체현한 정치적 좌표를 추억하고 품에 안으려는 이들이 늘기 시작했다.

노무현 열풍이 다시 불자 노무현 좌표를 따른다고 주장하는 정치인들이 다시 생겨났다. 그 후 10년이 넘는 시간이 흘렀다.

# 02

# 시대정신의 대결

## 강력한 축

한국 정치에는 강력한 축이 있습니다.
절대적 빈곤과 상대적 빈곤을
각각 대표하는 좌표입니다.
시대정신의 대결을 살펴봅니다.

# 시대정신의 대결

박정희 좌표와 노무현 좌표의 대결이 현대 정치의 축이다. 박정희 좌표와 노무현 좌표는 어떤 시대정신을 대표하기에 한국 정치를 양분하고 있는지 궁금할 것이다. 두 좌표는 무엇을 대표하기에 이토록 강력한 지지층을 가지는 것인가.

두 좌표는 '빈곤과의 연관성'이라는 공통점이 있다. 그 차이는 바로 절대적이냐 상대적이냐의 차이다. 두 좌표는 단어 하나의 차이만 있지만 간극은 적지 않다.

박정희 좌표는 절대적 빈곤이 핵심 과제라는 시대정신을 대표한다. 노무현 좌표의 시대정신은 상대적 빈곤(경제적 불평등)에 집중한다. 전자의 키워드는 경제 성장, 후자의 키워드는 공정과 정의가 된다.

박정희·노무현 좌표의 대결은 절대적 빈곤과 상대적 빈곤 사이에서 각각 우선순위를 달리 둔 세력 간의 다툼이다. 양쪽의 시대정신 모두 어느 사회에서나 핵심 과제라는 점을 고려하면 두 좌표 세력의 대결이 오랜 세월 진행될 것이라는 점을 알 수 있다. 각 좌표의 정치적 과제를 보면, 오늘날 정치에서 노무현 좌표가 더욱 우세한 이유를 이해할 수 있는 단초를 준다.

현대 사회는 상대적 빈곤이 더욱 광범위한 사회적 과제가 되고 있다. 여전히 사회 보장의 사각지대에서 절대적 빈곤에서 벗어나지 못하는 인구가 있겠지만 그 숫자는 박정희 좌표가 처음

**박정희 좌표와 노무현 좌표**

| 구분 | 박정희 좌표 | 노무현 좌표 |
|---|---|---|
| 정치적 과제<br>(시대정신) | 절대적 빈곤 | 상대적 빈곤<br>(불평등) |
| 핵심어 | 경제 성장 | 공정·정의 |

시작된 때에 비해서 점점 줄어들고 있다.

자본주의가 발전하면서 절대적 빈곤의 늪에서 상당 부분 벗어나 오히려 시민의 많은 관심이 상대적 빈곤, 경제적 불평등과 이로 인한 불평등을 벗어나는 데 집중되고 있기 때문이다.

상대적 빈곤, 이로 인한 불평등의 해결이 중요한 가치로 떠오른 2000년대 이후 노무현이 혜성같이 나타나 대통령에 오른 것이 전혀 이상하지 않은 것임을 이해할 수 있게 한다.

노 전 대통령은 한국 사회의 최고 엘리트인 법조인이었으나, 학벌의 한계로 불평등을 몸소 체험한 인물이었기에 상대적 빈곤이 주는 불평등의 문제점을 잘 알고 있었다. 이는 노 전 대통령이 문제 제기한 불평등이 현대 사회에서 급속도로 떠오른 불평등 해결이라는 시대정신과 맞닿으면서 화학적 반응을 일으킨 것이라 하겠다.

이는 노무현 좌표가 진정성을 가지고 시민에게 다가갈 수 있었던 이유이기도 하다. 2000년대 들어서 한국 사회는 불평등이라는 시대정신을 바탕으로 갑질 문제, 학벌 사회의 문제, 가진 자의 특권 문제를 문제 삼기 시작했다. 이렇게 시민이 원하는 시대정신을 내세운 정치 좌표가 노무현 좌표였다. 공정과 정의, 특권 없는 사회라는 구호가 불평등을 해결하자는 노무현 좌표의 정치 구호다.

박정희 좌표는 절대적 빈곤을 해소하자는 시대정신이 기본으로 깔린 정치 좌표다. 이 좌표가 최근까지 영향력을 가졌던 배경은 현실적인 해결 능력을 보였기 때문이다. 박정희 좌표가 익숙한 연령대는 60대 이상인데, 이들은 1960년대 이전에 태어난 시민으로 절대적 빈곤을 겪어본 세대다. 절대적 빈곤이 박정희 좌표에 의해서 해결되는 것을 몸으로 체험한 세대다. 이들이 보기에 박정희 좌표가 성공적이며, 사회 문제를 해결하는 데 더 효과적인 정치 체계라고 믿는다.

박정희 좌표는 절대적 빈곤을 이겨낸 한국의 저력을 상징한다. 찢어지는 가난을 이겨낸 의지의 한국인이라는 자부심이 박정희 좌표를 관통한다. 박정희 좌표 속에서 한국인은 승리자다. 강력한 국민이다. 서로가 눈물을 흘리며 배고픈 과거를 추억하는 존재들이다. 역경을 딛고 일어서는 데 성공했기 때문에 당당히 나설 수 있다. 한국 정치에서 박정희라는 이름이 강력한 호명 효과를 불러오는 이유이기도 하다.

성공 신화에 이어 익숙함도 박정희 좌표의 강점이다. 박정희가 만들어낸 정치 세계에서 한국 시민은 수십 년을 살아왔다. 익숙한 이들에게 박정희 세계는 자신들이 계속 유지해야 하는 세계다. 평생 박정희 좌표와 싸워온 김영삼, 김대중 전 대통령, 한국 정치의 주도 세력이 된 586세대도 넓은 의미에서는 박정희 세계의 한 구성원이라는 측면이 있다. 그것이 대항 세력이든 핍박받은 세력이든 말이다. 추격 집단의 권력 행사 방식이 지금 시대와 유리된 면이 있는 것도 여기에서 연유를 찾을 수 있다.

박정희·노무현 좌표는 2012년 대통령 선거에서 한 발도 물러서지 않는 불꽃 대결을 펼친다. 박정희 좌표를 지지한 세력과 노무현 좌표를 지지하는 세력은 박빙의 승부를 벌였고, 선거에서 겨우 100만 표가량의 차이로 박정희 좌표가 승리를 거뒀다.

상대적 빈곤, 불평등에 대한 사회적인 해결 요구가 거세다는 점을 보여준 정치적 사례고, 한편에서는 경제 성장에 대한 요구가 여전히 높다는 것을 보여주는 사례이기도 하다.

두 좌표의 대결은 2012년 대선이 마지막이 되었다고 봐야 할 것이다. 2012년 대선은 박정희 좌표가 승리를 만끽한 피날레였다고 볼 수 있다. 당시 대결에서 박정희 좌표를 계승하겠다는 박근혜 후보가 승리했으나, 역사는 늘 승리의 기쁨만 주지는 않았다. 박정희 좌표의 승리는 결과적으로 노무현 좌표의 강력한 부활과 박정희 좌표의 쇠락을 예고한 거대한 복선伏線이 되었다.

두 시대정신의 대결은 오래전부터 이어온 것이기도 하다. 이명박 정부의 탄생은 결국 빈곤 탈피, 경제 성장에 대한 열망이고,

상대적이든 절대적이든 경제적 불평등 문제를 현실에서 제대로 대처하지 못한 노무현 정부에 대한 분명한 거부 의사의 표현이었다. 박근혜 정부의 탄생도 박정희 좌표 설계자의 친딸이 주는 아우라가 아슬아슬하게 승패를 갈라놓은 것이다.

박정희 좌표는 결정적인 어려움에 빠져 있기에 한동안 노무현 좌표의 강세가 예상된다. 어려움 가운데 하나는 박정희 좌표의 영향력 상실이다. 박근혜 전 대통령의 탄핵 여파로 박정희 좌표의 영향력이 상당히 희미해졌다. 또 다른 하나는 박정희 좌표에 대한 본질적인 회의감이다. 박정희 좌표가 과연 경제 성장을 이끌 수 있는지 회의감이 깊어진 것이다.

박정희 좌표에 대한 시민의 지지와 믿음이 이명박 정부와 박근혜 정부의 탄생을 이끌었지만, 이명박 정부는 기대와 달리 경제적으로 크게 성공하지 못했고, 박근혜 정부도 박정희 좌표에 기대되는 폭발적인 경제 성장을 이뤄내지는 못했다. 오히려 노무현 좌표의 중요성이 더 높아지는 사건들이 많아졌을 뿐이었다.

박정희 좌표는 너무 오래된 좌표라는 인식이 큰 걸림돌이 되고 있다. 박정희 좌표는 사회의 주력 세대가 된 40대를 잃어버렸다는 것이 향후 자신의 영향력을 이어가는 데 가장 큰 도전이 될 것이다. 2020년의 40대는 노무현 좌표의 충실한 지지자들이자 박정희 좌표를 반대하는 세대이기도 하다.

여론조사 단체의 역대 대통령 선호도 조사에서도 잘 나타난다. 2004년에는 한국인의 절반(48%)이 박정희 대통령을 가장 좋아한다고 응답했으나, 2019년에는 23%만이 박정희 대통령을 가장 좋아한다고 답했다.

2004년 한국민 10명 가운데 1명 정도만 좋아한다고 응답한 노무현 대통령은 2019년 조사에서는 32%의 한국인이 가장 좋아하는 대통령에 올랐다. 2019년 조사에서 노무현 대통령 선호도는 10대에서 30%, 20~40대에서는 40%를 넘었고 60대 이상에서는 14%에 그쳤다. 박정희 대통령 선호도는 40대 13%, 30대 9%, 20대 5%에 그쳤다.*

사회의 핵심층인 오늘의 40대가 노무현 좌표의 주된 세대가 된 데는 그들의 경험과 연관성이 크다. 감수성이 풍부한 청년 시절 노무현을 접했고, IMF 체제가 벌집처럼 쑤셔놓은 사회를 겪으면서 현실의 벽을 체감하며, 개천용 노무현에 열광했다. 고도성장이 멈춰선 순간 사회의 불평등, 불평등을 만든 구조, 사회적으로 불합리한 차별적 모습을 자신 주변에서도 더욱 느낄 수 있었을 것이다. 이는 40대의 노무현 열풍으로 집결됐다.

박정희 좌표의 실질적 유효 기간은 오늘의 60대 이상이다. 그래서 박정희 좌표를 기반으로 한 정치는 점점 더 힘을 잃어가고 주변화할 수밖에 없다. 절대적 빈곤을 경험하지 않은 세대에게 박정희 좌표는 쉽게 공감할 수 없는 상징이다.

---

* 「한국인이 좋아하는 40가지 [사람 편]-스포츠선수/가수/탤런트/영화배우/예능 방송인·코미디언/소설가/역대 대통령/기업인/존경하는 인물(2004-2019)」, 한국갤럽, 2019년 5월 23일.

더욱이 절대적 빈곤을 역경 속에 극복한 공동의 경험이 없는 젊은 세대는 박정희 좌표를 이해할 수 없다. 인간은 경험하지 않고서는 이해할 수 없다. 더욱이 경험하지 않은 가치에 몰입될 수는 없다.

박정희 좌표에서는 절대적 빈곤의 문제가 핵심 가치였으나 뒤따른 상대적 빈곤, 불평등에 대한 정치적 감수성이 미처 준비되어 있지 못했다. 1997년 IMF 경제 위기가 수년에 걸쳐 한국 사회를 뒤흔들면서 불평등이 극대화됐다. IMF 이후에 상대적 격차는 더욱 커졌다. 박정희 좌표는 빈민 구제와 빈곤에 강점을 지닌 정치 좌표였으나, 당시 이를 이끄는 정치 집단은 변화 속에 나타난 시대정신을 받아안는 데 실패한다. 시대정신과 호응한 노무현 좌표가 급격히 정치 공간에서 우세를 차지한다.

요약하면 불평등이 사회에 깊은 어둠을 드리우는 시점에 정치인 노무현이 서 있있다. 그래서 그는 역대급 파란을 일으키면서 한국의 대통령이 됐다. 노무현 좌표는 특권 없는 사회, 반기득권, 공정, 정의로운 사회, 불의에 참지 않는 세력, 나약한 존재들의 단결, 관료 권위주의 타파, 기득권 갑질 반대, 양성평등으로 요약된다. 한국에서 40대는 노무현 좌표를 바탕으로 한 강력한 정치 지지층을 이루고 있다. 노무현 좌표가 통하는 정치 집단이다.

그가 대통령이 된 2003년은 IMF 경제 위기로 인해 불평등이 시대정신으로 급부상하고, 박정희 좌표를 따르는 주도적 정치 집단이 가진 문제점을 시민이 인식한 시점이었다. 정치인과 정부 관료, 재벌 등 소수가 주도해온 한국 정치·경제 구조의 누적된 문제점에 온 국민이 거부 의사를 밝힌 것이다.

사법고시를 통과했으면서도 고등학교 졸업장밖에 가지지 못했기에 생긴 현실의 불평등을 몸소 체험한 노무현의 성장 배경과 정치를 하면서 추구한 지향점이 험난한 경제 상황에서 시민에게 강력한 호소력을 가지게 된 것이다.

노무현 좌표는 시대에 호응하는 정치적 가치가 된다. 불평등, 상대적 빈곤은 사회의 중요한 이슈로 떠오르기 시작했다. 불평등을 몸소 체험해서 이를 해결하고자 한 노무현의 삶은 대중에게 진솔하게 다가갈 수밖에 없었고 강력했다.

노무현 전 대통령이 1980년대 산업 현장에서의 노동 재해 사건과 노동 운동을 변호하는 변호사 활동을 했다는 점은 그의 정치사상이 산업화가 만들어낸 우울한 풍경인 불평등한 경제 현실과 연관이 깊을 것이라고 유추하는 것이 어렵지 않다. 당시 산업화 시대에 정치·사회 권력에서 소외된 우리 사회 난쟁이들의 후손이 쏘아 올린 공이 노무현 좌표인 셈이다.

가파른 고도성장에 따른 불평등, 박정희의 시간이 만든 1%와의 대결 속에서 노무현 좌표는 만들어졌다. 노무현 좌표는 서울·수도권에서도 강력한 영향력을 지니고, 서울과 지역과의 격차가 커진 2000년대 이후에 지역 시민이 호응하는 정치적 스토리텔링 구조를 가진 이야기다.

노무현 좌표는 오늘날 20%의 중상류층 엘리트가 주도 세력이 된 세상에서도 여전히 유효한 시사점을 담고 있다. 한국 사회는 20%가 주도하는 사회로 권력 구조가 바뀌고 있다. 갑과 을 사이에 이뤄지는 은밀한 상황이 폭로되고, 수많은 을이 소수의 갑을 징벌할 수 있는 강력한 대중 사회로 변해가고 있다.

오늘날 가장 번성한 좌표가 바로 노무현 좌표다. 시민은 일상에서의 공정이라는 가치에 민감해지고 있다. 물론 노 전 대통령이 직접 정치를 하던 시점의 노무현 좌표는 일상의 특권 해체나 공정·정의라는 가치보다는 거대 권력 구조의 문제, 지역 주도 타파 등에 집중되어 있었다.

노무현 좌표도 이제는 내리막길이다. 20년이 지난 정치사상은 한계를 보이기 시작했다. 박정희 좌표가 지지층 세대의 고령화로 상당한 열세에 처해 있지만, 노무현 좌표의 미래도 그리 밝은 것은 아니다.

노무현 좌표는 이미 노무현 정부 당시에 크게 실패했다. 당시에도 부동산이 폭등하면서 노무현 좌표의 대처 능력에 대한 깊은 불신이 생겼다. 노무현 좌표를 이어받은 현재 정부도 똑같은 부동산 폭등 현상의 늪에 빠졌다는 점은 상당한 악재라 하겠다. 노무현 좌표가 내세운 공정과 정의 또한 현실에서 제대로 구현하기 쉽지 않다는 점도, 노무현 좌표 세력 입장에서는 해결하지 못한 문제다.

공정이란 무엇인가에 대한 사회적 합의가 이뤄지지 않는 이상 노무현 좌표를 지지하는 이들이 느끼는 공정의 문제는 계속 논란이 될 여지가 크다. 20~30대가 노무현 좌표에 낮은 지지를 보이는 것이 바로 그 이유다. 2030이 보기에 노무현 좌표가 내세우는 공정과 정의가 피부에 와닿지 않는 것이다. 젊은 층들이 노무현 좌표 세력을 떠나고 있다.

박정희·노무현 좌표가 겪는 어려움의 공통점은 시대의 변화다. 박정희 좌표는 40대 이하인 1970년대생 이후 세대의 지지를 받지 못하고 있고, 노무현 좌표도 20대가 이탈해버렸다. 이런 추세로 보면 향후 10년은 노무현 좌표 세력이 사회에서 영향력이 강력할 수 있겠으나, 지금의 2030대가 사회의 중심층으로 올라가는 그 이후에는 세력이 급격하게 약화될 수밖에 없다.

이런 배경에는 시민 주체와 정치적 좌표와의 연결성도 큰 영향을 끼친다. 좌표의 지지층을 보면 세대층과 관련이 깊다는 것을 알 수 있다. 박정희 좌표는 1960년대를, 노무현 좌표는 2000년대를 반영했다.

이 시대를 직접 체험한 시민은 그 시대와 가까운 좌표를 지지하는 경향이 더 큰 것으로 보인다. 박정희·노무현 좌표가 시대 상황을 반영한다고 해도, 두 좌표는 각각 60년 전과 20년 전의 시대정신과 문화가 담긴 세계관이라는 점을 부인할 수 없다.

시대 상황은 과거에는 인지하지 못한 시대의 요구를 사회에 던질 수 있다. 제도권 정치 집단이 미처 파악하지 못한 시대정신이 젊은 층을 중심으로 대두될 수 있다. 사회의 급격한 변화는 새로운 요청을 해오기 시작하고, 그런 물살은 전혀 주목받지 못했던 정치 집단을 역사의 전면에 내세우기도 한다.

코로나-19로 인한 경기 하강은 상대적 빈곤에서 절대적 빈곤으로 한국의 경제 상황을 급반전시킬 공산이 크다. 박정희 좌표가 현재는 그 계승 세력이 거의 유명무실해졌다고 볼 수 있지만, 절대적 빈곤이라는 화두는 언제나 사라지지 않는 것이다.

코로나-19로 인해 절대적 빈곤의 어두운 그림자가 노무현 좌표 세력이 포괄하지 못하는 젊은 층을 중심으로 급속도로 진행되고 있다. 노무현 좌표 세력의 대응에 따라 가까운 미래에 한국 정치의 판도 변화 여부가 결정된다고 봐야 할 것이다.

## 좌표의 쇠락

박정희 좌표로 수렴되는 주도 집단이 쇠락한 과정을 간단히 짚어보고 넘어가겠다. 이는 현대 정치의 전반적인 흐름에서 현대 정치를 이해하는 데 필수적인 부분이기에 다루고자 한다.*

박정희 좌표의 쇠락은 가까이는 2016년부터 2017년의 탄핵에서 비롯된다. 조금 시간을 넓혀보면, 이명박 정부의 시작부터 박정희 좌표는 크게 흔들렸다. 역설적인 시작이었다. 2007년 대통령 선거는 한 번의 이변도 없었다. 노무현 정부 말기인 당시는 노무현 좌표를 설계한 노 전 대통령의 악명만 높은 시기였다.

---

* 박정희 좌표의 쇠락에 대한 보다 자세한 논의는 『보수의 몰락』(육덕수, 2020)을 참고하길 바란다.

2008년, '잃어버린 10년'에 종지부를 찍은 대통령은 호기롭게 정부를 시작할 태세였다. 하지만 10년 사이에 강산이 변한다는 말을 이명박 정부는 전혀 이해하지 못하고 있었다. 아니면 그 역시 너무 성급했다. 10년간 변한 것에 집중한 나머지 그것들을 고친다는 것이 사회의 변화를 주고, 이로 인해서 시민의 반발을 부를 수 있다고 생각하지 못하는 듯했다.

변화는 시대정신에 따라서 이뤄져야 했으나, 이명박 정부는 사회 개조라는 전혀 어울리지 않은 처방전을 내놓기 시작했다. 이런 정부가 처음부터 논란을 일으키게 된 것이 '오뤤지(오렌지)' 논란이었다. 고소영(고려대, 소망교회, 영남 인맥)으로 대변되는 1%의 소환은 시민의 반감을 사기에 충분했다.

아주 쉽게 성을 탈환한 것이 독이 되는 상황이었다. 이명박 정부는 전임 대통령도 눈에 보이지 않았고, 패배로 자중지란에 빠진 야당도 전혀 무섭지 않았을 것이다. 정부와 여당에 걸림돌은 아무것도 없어 보였다. 게다가 "새 정부가 잘할 것"이라는 지지 여론이 89%에 달한다는 조사 결과까지 나왔다.

박정희 좌표의 정부는 화창한 날씨 속에서 새 임기를 시작했다. 이명박 정부는 곧 다가올 4월을 전혀 예상할 수 없었다. '4월은 잔인한 달'이라고 미국의 시인이 이야기한 것처럼, 잔인한 4월이었다.

미국산 쇠고기 수입 논란이 잠재된 시민 사회에 휘발유를 끼얹은 형국이었다. 이명박 정부의 지지율은 곤두박질치기 시작했다. 광화문은 촛불로 뒤덮이고 정부는 거대한 명박산성을 쌓아 올리며 위기를 막기에 급급했다.

민심은 알 수 없었다. 경제 성장이라는 박정희 좌표에 폭발적인 지지를 던진 민심이었지만 광우병 우려가 있는 미국산 쇠고기 수입 논란을 앞두고는 다시 노무현 좌표 세력을 향해 쏜살같이 달려가는 형국이었다. 이명박 정부는 그 후부터 존재감 없는 대통령으로 임기를 지내야 했다.

뒤늦은 사과였다. 이명박 정부는 국민의 생명권을 무시한 정치 집단으로 인식된다. 정부 출범 때의 예상과 달리 노무현 좌표로 달려가는 민심을 보고, 이명박 정부는 현명하지 못한 판단을 내리고야 만다. 민심이 달려가는 것을 보고, 노무현 전 대통령이 민심을 선동한다고 판단한 것이다.

이명박 정부도 힘없이 퇴진한 노 전 대통령을 가만둘 요량은 아니었다. 그것이 대통령이든 검찰이든, 누군가는 그런 의도가 있었던 것은 분명하다. 퇴임 이후 여러 차례 검찰 수사의 징후를 느낀 노 전 대통령은 자신을 향해 오는 권력의 올가미의 날카로움을 느꼈을 것이다.

이명박 정부의 기획이든, 노무현 정부 당시 개혁 정국에 몰린 검찰의 자체적인 보복 기획이든 전임 대통령 수사가 최악의 결론으로 치달으면서 이명박 정부는 노무현 좌표에 우호적인 많은 시민의 신뢰를 상실했다.

시대정신은 이미 박정희·노무현 좌표, 2개가 공존하는 세상이었는데, 노무현 좌표를 포섭해 변형시키지 못하고 오히려 그 좌표와 돌아올 수 없는 강을 건넌 것이다.

노 전 대통령의 서거로 인해 이명박 정부의 정치적 성공 가능성은 거의 사라져버렸다. 강력한 좌표 집단의 설계자를 죽음으로 내몰았다는 원죄를 짊어지게 됐다. 노무현 좌표의 시대정신을 지지하던 3040대, 젊은 세대로부터 뿌리 깊은 혐오를 받게 된다. 이로 인해 이명박 정부는 임기 내내 반대 세력에 대한 두려움에 시달린 것으로 보인다.

권력이 시민의 지지에 대한 믿음이 없으면, 권력 기관의 오남용이란 유혹으로 빠져들게 마련이다. 이명박 정부의 국가정보원이 바로 그 유혹의 최일선에 섰다. 어느 시대나 권력의 비상식적인 월권이 드러나지 않는 경우는 거의 없다. 특히 시간이란 아주 강력한 힘이다. 모든 것을 드러나게 한다. 이명박 정부의 국가 권력 기관 불법 사용은 이명박 정부의 어깨 위에서 내려오지 않는 거대한 짐이 되어버린다.

이런 정부가 그나마 버틴 것은 글로벌 금융 위기의 충실한 대처였다. 정부의 대응은 성공적이었으나, 워낙 인기가 없는 정부였기에 부각되지 않았다. 다만 국정 지지율이 임기 후반부로 갈수록 안정화됐다는 것은 이러한 성공적인 대처의 성과가 반영된 것이라 하겠다.

이명박 정부를 정치사적으로 요약하면 이렇다. 박정희 좌표 추종 세력이 10년 만에 집권했으나 제대로 된 활약도 해내지 못하고 국민적인 미움을 받을 결정적 실수만 여럿 저지르면서 임기를 보냈다.

국정에서 10년을 떨어져 있었기 때문에 시대적 격차를 극복하지 못했고, 지도자인 이명박 전 대통령도 국정 운영에 대한 색다른 철학이 없었다. 건설회사 CEO 시절의 별명처럼 불도저로 한반도 한강 이남의 거대한 강 유역을 열심히 중장비로 밀어붙이고 다녔으나 그에 대한 평가는 지속적인 설화뿐이었다. 박정희 좌표를 잇겠다는 이 정부는 경제 기조로 747 정책을 내세웠으나, 경제 성공 신화를 기대한 시민의 기대를 양껏 채워주지 못하고 논란의 임기를 마쳤다.

이명박 정부는 박정희 좌표가 쇠락하는 시작점이라 하겠다.

박정희 좌표가 쇠락하기 시작했지만, 시민은 박정희 좌표에 한 번의 기회를 더 줬다. 이번에는 박정희 좌표를 직접 연상하게 하는 인물이 대선 후보로 나섰다. 바로 박근혜 후보다. 박정희 전 대통령의 큰딸로, 육영수 여사의 피격 사건 이후 퍼스트레이디 역할을 맡기도 했다.

박근혜 후보는 당 대표 시절에도 선거에서 막강한 전력을 보여줬다. 이명박 정부와 순탄하지 못한 관계에도 불구하고, 선거의 여왕이라는 별칭이 생길 정도로 많은 선거에서 이기며 악조건 속에서 당을 이끌었다.

박정희 좌표를 부흥할 적임자로 보였다. 박정희 전 대통령의 청렴 이미지를 물려받았고 독신인 그는 가족 비리가 전혀 있을 수 없다는 점도 강조하면서 박정희 좌표를 다시 현대로 불러들였다.

정치적 좌표의 핵심이 무엇인지, 박근혜 대통령 후보는 놓치지 않는 모습을 보였다. 한국 사회에서 정치적 좌표의 핵심은 가난한 이들을 보듬는 국가 정책으로 수렴된다. 박 후보가 내세운 것이 바로 경제 민주화 정책이었다.

경제 민주화와 함께 무상 보육, 기초 연금 공약도 내놓으면서 한국 정치 좌표의 핵심 근간인 약자 보호라는 강력한 정치 감정선을 건드렸다. 이명박 정부의 실정으로 선거 기간 내내 열세 혹은 박빙이라는 평가가 내려진 당시 대통령 선거는 예상 그대로였다.

출구 조사 결과 박정희 좌표에 우호적인 50대 이상의 세대는 박 후보를 지지했으나, 2030과 40대의 과반은 노무현 좌표의 부활을 지지했다. 세대 간 대결 구도로 2012년 12월 대선 결과는 108만 496표 차이의 박빙이었다.

극적으로 출범한 박근혜 정부는 활력이 부족한 모습이었다. 대통령이 국민과의 소통이 부족하다는 비판이 나올 정도로 조용했다. 대통령이 관여하는 정부 산하 주요 자리의 인사도 아주 느리게 처리되었다.

전반적으로 국정을 운영하는 데 긴장도가 떨어지는 모습이었다. 대통령의 행사는 이어졌지만, 활발한 활동은 눈에 잘 보이지 않았다. 대통령은 실제로 청와대 관저 내외부에서 외부인과의 접촉을 거의 즐기지 않았다.

대통령의 은둔 스타일은 훗날 엄청난 책임을 져야 할 사건으로 비화한다. 시간은 임기 2년 차로 돌입하고, 박 정부에 2014년의 4월이 다가온다. 이명박 정부에서 잔인한 4월이었다면, 2014년의 4월은 인간의 단어로 표현하기 힘든 고통을 한국 사회에 던져줬다. 슬픔을 응축한 대형 사건이 한국에서 터졌다.

'세월호 대참사'라 명명된 이 사건은 한국 정치 좌표의 근간을 뿌리째 흔드는 것이었다. 한국 정치 좌표가 빈곤 해결에 관심이 깊은 것은 결국 위정자에 대한 심정적 의존도가 높은 우리 사회의 정서를 보여주는 것이다. 위정자에 대한 의존도가 높은 현상은 한국의 민주주의 특징이다. 시민의 안전과 안위를 최우선 국정 과제로 해달라는 국민적 정서라 하겠다. 불안한 한국의 현실이 각인된 것이다.

세월호 대참사는 한국의 시민이 정치권력과 맺은 사회 계약의 근본을 부정하게 되는 격이었다. 어린 학생들을 덮친 대형 인명 참사는 박정희 좌표를 추종하는 정치 집단이 감내할 수 있는 수준을 넘어서 있었다. 그렇게 박근혜 정부는 그 존재 의의 자체를 시민에게 부정당하고 있었다.

박근혜 정부는 이후 다시 일어서는 듯했으나, 스스로 리더십의 한계를 드러냈다. 대통령에 대한 불통 이미지가 더욱 강해졌다. 박 정부는 시민의 깊은 혐오를 결국 넘어서지 못했다. 2016년에 터진 최순실 게이트는 박근혜 정부를 지지하는 세력도 대거 지지를 철회하게 만든다.

국회에서는 탄핵안 의결을 위한 움직임이 분주해지고, 여권 비주류 의원 30명이 동조하면서 탄핵안 통과의 물꼬가 트인다. 헌법재판소에서 탄핵 심판 사건이 기각될 것이라는 청와대 측의 기대와 달리 헌법재판소는 헌정 사상 첫 대통령 파면을 결정한다.

박근혜 대통령은 파면된다. 2017년 3월 10일 오전 11시 21분이었다. 이후 구속된 박근혜 전 대통령은 역대 대통령의 최장 기록을 넘기며, 수감 생활을 이어가고 있다.

3년의 재판 끝에 2020년 파기환송심에서 내려진 형량은 20년 형, 벌금은 180억 원, 추징액은 35억 원이다. 다른 재판에서 선고된 2년을 합하면 22년간 수감 생활을 해야 한다. 박 전 대통령의 나이는 69세다.

## 배반당한 기대

시민 사회 영역이 있다. 정치와 시민 사이에서 완충 지대 역할을 하는 사회의 공간이다. 한국의 시민 사회는 민주화의 시공간에서 커지기 시작해 민주적 가치를 발전시킨 공간으로 평가받는다.

유럽의 시민 사회가 시장 경제를 발전시키고 보호한 공간으로 성장한 것과 달리 한국의 시민 사회는 다분히 정치적이다. 이명박 정부의 미국산 쇠고기 수입 반대 촛불 시위, 박근혜 전 대통령 탄핵 국면의 촛불 시위를 견인한 세력이 속한 정치 공간으로 잘 알려져 있다.

시민의 자유와 인권, 환경, 시장의 공정한 질서라는 다양한 시민적 가치를 지켜야 할 한국의 시민 사회가 급격하게 정치에 포섭되고 있다. 한 언론의 분석에 따르면, 청와대의 비서관급 참모진 가운데 20%에 달하는 인사들이 시민 단체 출신이다. 민주당 의원의 10명 가운데 1명이 시민 단체 출신이다.

권력의 감시자가 이제는 권력자가 된 것이다. 시민 사회를 대표하는 기존 시민 단체가 권력 견제의 본연의 역할을 상당 부분 상실했다는 평가가 나온다. 1987년 이후 폭발적 성장을 해온 한국의 시민 사회는 정치와의 확연한 차별을 보이지 못하면서 2000년대에는 주춤하는 모습을 보이게 된다. 시민 사회를 이끄는 단체들의 과도한 정치적 편향은 결국 시민 사회의 불균형을 불러왔다. 김대중 정부와 노무현 정부 당시 전폭적인 지원으로 규모는 커졌지만, 시민 단체의 공동 현상은 이때부터 본격화된다.

김대중·노무현 정부 당시 시민 사회 인사의 입각이 이뤄지고, 이후에도 야당으로의 영입이 일어나면서 1·2세대 시민 단체 주역은 정치로 흡수된다. 노무현 정부 이후 시민 사회의 결정적인 정치로의 흡수는 역설적이게도 새 정치를 주창한 인물이 만들어냈다. 시민 사회 세력을 상징해온 변호사 출신 시민운동가에게 서울시장 후보 자리를 양보하면서 새 정치를 주창한 인물은 권력의 메이커 역할을 했다. 이후 시민 단체 활동가가 시장이 된 서울특별시는 한 정치인의 주장에 따르면, 2011년 10월부터 2020년 10월까지 별정직으로 시민 단체 인사를 105명 채용하는 등 시민 단체 인사들을 대거 영입한다.

가뜩이나 줄어들고 있는 시민 사회의 역량이 여의도 정가에 이어 서울특별시라는 대한민국 최대 지방자치단체로 흡수되기 시작한 것이다. 시민 단체 사무국 경험을 발판으로 국회의 보좌역으로 진출하는 시민 단체 엘리트들도 늘었다. 시민 단체의 영향력은 줄고, 시민 단체에 몰리던 다채로운 엘리트 수도 급격히 줄어간다는 우려가 내부에서 나왔다.

시민 단체가 시민 사회를 받치고 정치권에 맞서 시민의 권익을 보호하는 든든한 벽이 아니라, 제도권 정치로 가는 통로나 정치인 사관학교 같은 부차적인 존재가 된 것이다. 정치권과 점점 맞닿아간 시민 단체는 독자적인 영향력을 많이 상실하고 시민 단체 파워라고 불린 특유의 힘을 잃어갔다.

정치 영역으로의 시민 단체 흡수 현상이 다시 생긴 것이 바로 지금의 정부다. 독자적 영역이 흔들리게 된 시민 사회는 특유의 야성을 상실했다. 한국의 시민 단체는 진영이라는 논리에 함몰되어버렸다. 시민 사회가 노동 운동에서 다양한 분과 운동으로 분화되어간 지 오래지만, 그 다양한 분과 운동 영역에서의 생존력이 크게 떨어지고 있다.

추격 집단이 만든 리바이어던은 자신의 편인 시민 사회를 두려워하지 않는다. 야성을 잃은 시민 단체를 가까이하며 정치가 시민 사회로의 영토화를 더욱 강화한다. 시민 사회는 정부와 여당의 견제 세력이 아닌 강력한 연대 세력이 됐다. 이런 면에서 시민 사회의 독립성에는 상당히 부정적인 영향을 주고 있다고 봐야 할 것이다. 시민 사회가 정부와 여당의 실패나 허물에 대해 침묵하는 장면을 시민은 많이 봐왔을 것이다.

견제는 사라졌다. 견제보다는 시민 사회 인사들이 정부나 여당을 통해 여의도 정가라는 제도권 정치로 진출하는 것이 현실이다. 시민 단체의 외적 역량이 축소되면서 우수한 인적 자원이 제도권 정치로 문을 두드리고, 때마침 역량이 커진 추격 정치 집단이 이들 시민 사회 인사를 대거 포용하는 양상을 보인다.

시민 사회의 의도된 침묵이 문제가 되고 있다. 정치가 잘못해도 최근에는 시민 사회의 날카로운 견제를 보기 어렵다. 부동산 폭등에도, 유명 정치인의 각종 추문에도, 시민 단체만이 알 수 있는 정부 비리도, 아니면 이미 터진 비리에서도 시민 단체는 강한 권력을 견제하는 것이 아니라 자신의 진영의 편에 서서히 정무적인 판단을 내린다.

시민 사회가 정치에 흡수되면서 한국 사회도 또 하나의 균형 축을 잃었다. 이렇게 한국의 시민 사회가 황폐화한 데는 고질적인 정치 구조 탓도 크다. 오랜 제도권 정치가 올려놓은 진입장벽이 시민 사회 인사들이 독자적으로 제도권 정치에 입문하기 불가능한 구조를 만든 것이다.

한국 정치가 양당 정치 구조여서 소수 정치와 다양성의 정치가 제도권으로 쉽게 진출할 수 없는 거대한 진입장벽을 만들고 있는 면에서 기인한다. 제도권 정치에 낙점되어야만 정계에 진출할 수 있다는 점도 시민 단체 인사들의 권력 비판이 선별적으로 대응하는 이유일 것이다.

시민 사회의 재편과 활성화가 필요하다. 정치적으로 종속된 시민 사회가 아니라 정치적으로 자유롭고 사회의 본질적인 가치를 지킬 수 있는 시민 사회의 재정립이 필요하다. 시민을 지키는 모닥불이 다시 타올라야 정부라는 리바이어던의 갑작스러운 습격을 막아낼 것이다.

# 4부

# 권력

정치가 어떤 모습으로
여러분에게 다가서는지 살펴봅니다.
정치의 기민한 전략을 간단히 다뤄봅니다.
오늘의 정치 현상을 분석해보겠습니다.

# 탈진실 전략

## 탈경계의 정치학

뉴노멀 정치 현상 가운데 하나인
탈진실 전략을 논의해봅니다.
현대 사회 정치권력의
은밀한 작동 방식을 살펴봅니다.

## 미녀인가 마녀인가

인간의 인식은 한계를 가지고 있다. "무엇이 사실인가"라는 질문도 아주 쉽게 무너진다. 아래의 그림에서 당신은 무엇을 보는가. 무엇이 올바른 것인지 판단하기 어려운 순간이 반복되는 것이 바로 인간의 삶이다.

어떤 이는 그림에서 아름다운 사람을 읽어내고, 어떤 이는 정반대의 인상을 받는다. 혹자는 다른 이로부터 정보를 들은 뒤, 2가지 모두를 경험하기도 한다. 비단 심리학 그림 한 장에 그치지 않는다. 정치 집단도 인간의 허점을 파고든다. 불완전한 인간의 인식에 그들의 논리를 심어놓거나 새로운 돌파구를 만들어 정치적인 비상 탈출구로 사용한다.

과거 한국 정치의 정치적 기법은 단순했지만, 시간이 지날수록 정교해지고 교묘해지고 있다. 미디어가 발달하면서 정치인들이 사용하는 정치적 장치가 다른 정치인들에게 쉽게 전파되고, 정치인들은 자신의 의지를 관철하기 위해서 혹은 자신이 겪는 정치적 어려움을 피하려 정치적 장치를 동원한다.

정치적 장치는 대부분 인식의 경계를 지우는 역할을 한다. 언론학자나 정치학자들이 이야기하는 프레임 전략과 유사하지만 다소 상이한 정치적 장치이자 전략이다. 한국 정치의 권력이 최근 보이는 가장 심각한 양상은 바로 이런 정치적 장치를 자주 동원하는 것이다. 시민의 인식을 흔들어서 선과 악, 옳고 그름의 경계선을 무너뜨리는 역할을 한다.

정치인들의 이러한 정치적 전략은 최근에 유행하는 탈진실 Post-truth 현상과 관련이 깊다. 상대주의적인 관점에서 절대적인 가치를 무너뜨리는 방식이다. 한국 정치에서의 탈진실 전략은 병합 혹은 병치 작업으로 사건의 초점을 바꾸는 데 쓰인다.

이러한 전략은 논점을 일탈시키는 데 그치지 않는다. 논점을 일탈시키면서 지지층에게 상대 진영에 대한 혐오의 감정을 불러일으킬 사안을 개입시킨다. 이러한 전략은 사회 전반에 혐오의 감정을 자극해 합리적인 담론이 불가능한 정치 문화를 만들어낸다.

탈진실 전략의 다른 방식은 진영 논리에 따른 왜곡이다. 어떤 주장을 그 자체보다는, 주장한 이들의 진영을 공격하면서 주장의 신빙성을 낮추는 전략이다. 이러한 태도가 광범위하게 퍼지면서 한국의 정치 문화는 사실이나 진실을 논하기가 어려운 상황에 빠져들었다.

언론도 마찬가지다. 탈진실 정치학의 영향을 받은 언론은 스스로 탈진실 전략을 대중에게 전달하는 주요 통로로 작용하고 있다. 정치권력도 이를 위해서 언론과의 관계를 우호적으로 혹은 같은 진영으로 묶어서 사고함으로써 정치-언론의 경계가 희미해지고 있다.

탈진실 전략의 가벼운 사례를 들어보자. 이런 사례들은 아주 많다. 다음은 한 국회의원이 소셜 미디어에 올린 글이다.

이번 공격은 국민의힘당에 군대를 안 다녀오신 분들이 많아서 그런 것으로 간주하겠습니다. 군대 갔다 왔으면 이런 주장 못 합니다. 어떻게 돌아가는지 아니까요.

더불어민주당 국회의원, 2020년 9월

법무부 장관 아들의 군 복무 당시 휴가와 관련된 논란이 정치권으로 번지자 해당 의원은 야당 의원 가운데 군대를 안 다녀온 사람이 많아서 그렇다는 주장을 폈다. 해당 논란과 상대 정당 의원의 병역 문제는 전혀 별개 사안이지만, 이 주장을 하면서 논란의 초점을 다른 방향으로 바꾸려 한 것이다.

논란에 흔들리는 중도층 시민에게 야당에 대한 혐오를 일으키고, 지지층에는 강한 결속력의 계기를 주는 정치적 효과를 의도한 것이라 볼 수 있다.

전형적인 탈진실 전략의 구조다. 이 발언 이후 21대 국회의원 가운데 군 미필자는 해당 국회의원이 소속된 정당은 34명, 상대 정당은 12명이라는 사실이 확인되기도 했다.

이렇게 사안의 옳고 그름이 분명하게 해결되는 영역에서는 그나마 탈진실 전략이 초래하는 문제점을 확인할 수 있지만 조금 더 복잡한 영역, 옳고 그름을 따질 수 없는 영역에서 시도되는 탈진실 전략은 현실적인 판단 불가 상태를 초래한다. 인식의 혼란을 초래하는 것이다.

그래서 탈진실 전략은 정치권력의 방어 전략으로 많이 쓰인다. 다음은 추격 집단 정당의 대변인이 금융 관련 사건과 관련한 논평이다.

> 더불어민주당은 검찰의 신속한 옵티머스 수사를 촉구합니다. 동시에 윤 총장의 장모, 나경원 전 대표의 자녀, 박덕흠 의원의 건설 수주 비리 등에도 동일한 법과 원칙이 적용된 수사 지시를 내려줄 것을 촉구합니다.
>
> 더불어민주당 대변인, 2020년 10월

대변인은 "금융 사건에 대한 검찰의 신속한 수사를 촉구한다" 면서도 "다른 사건의 수사도 동일 원칙을 적용해서 수사 지시를 내려라"라고 밝혔다. 대표적인 탈진실 전략의 병치 구조다.

여기서 다뤄진 금융 사건, 검찰총장 가족 수사, 야당 전·현직 의원 수사 등은 모두 별개의 사안이다. 이 대변인은 검찰총장에 대한 강력한 공격의 메시지를 전달하는 탈진실 전략을 사용한 것이다.

신속한 수사를 촉구한다면서, 그 수사 주체에 대한 동일한 수사 지시를 내려달라고 언급하는 것은 어떤 의미인가. 시민에게 검찰총장이 문제라는 메시지를 전달하고, 금융 사건이 가진 고

유의 문제점을 희석하는 구조를 가진 정부 여당의 논평이다.

탈진실 전략은 논리적으로 상충하는 구조를 가진 정치 이슈에도 활용된다. 정치권을 달군 한국전쟁 당시 북침을 막는 큰 활약을 한 원로 군인의 현충원 안장 논란이 대표적 예다. 한국 최초의 4성 장군이었던 그는 만주국 장교 복무 이력이 있었다. 일제강점기와 한국전쟁이라는 상충하는 공간을 살아온 한 인물의 과와 공이 어디가 큰 것인지 다투는 것이다. 논리적으로 답이 나올 수 없다. 한 인간의 삶을 분리할 수 없다는 것을 정치인들은 충분히 알고 있다.

'미녀인가 마녀인가, 한국을 북한에서 구한 영웅인가 아니면 일제강점기에 만주군에 복무한 군인인가'에 대한 답은 내릴 수 없으나 정치권은 자신들의 가치관을 강조하려 목소리를 높인 것이다.

서해안 표류 공무원 사망 사건과 관련해서도 탈진실 전략이 쓰였다. 실종 공무원이 어떤 경위로 북한이 관리하는 해역에서 표류하게 됐냐는 사실과 비무장 시민이 북한 군인에 의해 목숨을 잃게 됐다는 의혹은 별개의 사안이다.

연속된 사건의 흐름 속에도 가치가 전혀 다른 것들이 있는데, 정부는 탈북했다는 의혹에 방점을 두고 정부가 비난받을 여지가 큰 의혹인 북한군에 의해 목숨을 잃었다는 의혹을 병치했다.

정부의 실질적 대응은 어떤 것이어야 했을까. 유엔의 북한인권특별보고관은 다음과 같은 보고서를 제출했다. "북한은 이 사건에 대한 모든 정보를 공개하고 관련자의 책임을 물어야 하며, 공무원의 가족에 보상하고 이런 일이 다시 일어나지 않도록 해야한다." 유엔 보고서와 같이 민간인을 사살한 북한의 책임을 묻는 것이 정부의 기본 대응이어야 하지 않을까.

한국의 정치권력은 이런 면에서 잔인하다. 자국의 시민이 목숨을 잃었으나, 이에 대한 제대로 된 대처를 하지 않고 지나가고 있다. 이를 외면하는 대중도 무감각해진 대중일지 모른다.

물론 탈진실 전략으로 유엔 특별보고관의 권위 역시 부인할 수 있다. 대통령과 정부의 판단과 유엔 특별보고관의 판단 가운데 어느 것이 더 옳은가라는 병치 전략으로 빠진다면 이 또한 명확한 답을 낼 수 없다. 말 그대로 탈진실, 진실에서 벗어난 세상이기 때문이다.

탈진실 전략을 비단 정부와 여당만 쓰는 것은 아니다. 정부와 여당은 방어할 것이 많아진 수비자의 입장이기 때문에 사용 빈도가 높을 뿐이다. 그 영향력도 야당이 쓰는 탈진실 전략보다는 더욱 강력하다.

탈진실 전략이 힘을 발휘하려면 발화자의 메시지에 충실한 지지층이 있어야 하기 때문이다. 정치에서 혼자 떠드는 이야기는 아무런 정치적 효과를 발휘하지 않는다. 소셜네트워크서비스와 인터넷을 통해 담론이 강력한 힘을 구사한다. 탈진실 전략은 그 배경을 잘 모르는 이들에게는 기민하고 영리한 전략으로 보일 수 있다. 말·언어를 주로 사용하기에 비용이 크게 들지 않는 데다 자신의 진영을 방어할 수 있고, 덤으로 상대 진영에 대한 공격도 함께할 수 있는 편리한 정치적 장치다.

이런 탈진실 전략이 초래하는 가장 큰 문제점은 한국 사회 가치 체계의 붕괴다. 탈진실 전략을 사용하는 정치인들은 자신들이 던지는 말이 주는 파괴력을 한 번쯤 고민해야 한다. 기존 가치 체계의 권위가 무너질 때, 사회의 신뢰도 함께 무너질 수 있다.

사회의 신뢰가 무너지면 피해를 보는 것은 비단 정치인뿐만이 아니다. 그런 의미에서 사회를 지탱하는 가치와 신뢰 체계는 보호되어야 한다. 정치가 이를 파괴할 권리는 없다.

## 새로운 무기

"짐이 곧 국가다." 절대왕정 시대의 군주가 한 말이라고 알려져 있다. 사실 여부를 두고 논란이 있지만, 권력의 무한 확장성을 보여주는 친숙한 구절이다.

이런 식의 사고를 두고 '권력의 확증 편향'이라고 한다. 신이 아닌 이상 왕이 국가와 대등할 리는 없을 것이다. 그만큼 스스로 권력에 대해 확신한다는 정도로 이해되는 말이다.

확증 편향은 자신이 믿고 싶은 대로 보고 들으며, 이와 일치하는 사실만 받아들이고, 이와 배치되는 사실은 외면하거나 가치를 부인하는 인간 인식을 말한다. 이렇게 보고 싶은 것만 보고 듣고 싶은 것만 듣는 현상을 확증 편향Confirmation bias이라고 한다. 영국의 심리학자 피터 웨이슨이 1960년에 처음 정립한 용어다.

힘이 있는 정치 집단은 확증 편향에 빠지기 쉽다. 확증 편향에 빠진 정치 집단은 자신이 처한 상황 혹은 정치 여건을 무한 긍정하는 경향을 보인다. 특정 지도자에 대한 비판도 금지된다.

권력의 확증 편향은 강박적인 행태로 나타난다. 현실에서 권력의 행위가 제대로 진행될 때는 문제되지 않을 수 있다. 문제는 권력이 행하려는 방향에 문제가 생기거나 제동이 생겼을 때 일어난다.

확증 편향은 그 자체로 자신에게 불리한 사실을 차단하거나 제거하는 경향이 있다. 정치 집단은 집단으로 이뤄져 있기에 지도자에게는 불리한 사실을 제거 또는 희석한 상태로 정보를 전달하게 된다.

상황이 더 불안정해지면, 확증 편향에 빠진 권력은 이런 상황을 만든다. 자신에게 유리한 사실을 찾으려고 노력한다. 현실에서 유리한 사실을 유추하거나 읽어내거나 예측하려고 한다. 이런 권력의 확증 편향은 야권보다는 힘을 쥔 정부나 여당에서 자주 보인다. 이 경우 자신이 무엇을 잘못하고 있다는 인지력 자체가 떨어지거나 문제가 생길 가능성이 크다.

이유는 오래된 경험을 가진 정치 집단일수록 현재 일어나는 일에 반대되는 현상을 찾거나 읽어낼 수 있는 전문적 지식 또는 능력이 높기 때문이다. 오히려 성공한 권력이 실패할 때 확증 편향과 관계있다는 것을 알 수 있다. 노무현 정부의 경우 대통령에 오르기까지 시민의 폭발적인 지지를 받았지만, 임기를 시작하고 나서는 상당한 부침을 겪었다.

성공의 경험이 풍부할수록 특정 조건에서는 실패 요인이 될 수 있다는 것을 정치 세계에서도 알 수 있다. 과거 성공의 경험이 현재의 성공을 보장하는 것도 아니고, 내일의 성공을 확신할 수 있는 것도 아니다. 다만 권력의 확증 편향은 이런 불연속성의 과정을 인정하지 못하는 것이 문제다. 권력이 쉽게 걸리는 심리학적인 병증이다.

확증 편향은 실패의 국면에서 또 다른 편향으로 고착화할 수 있다. 강박적으로 변한 확증 편향은 실패 앞에서 되돌아서지 않는다. 자신의 결정이 잘못되었다는 근거가 여러 개 나와도 과거의 결정에 집착하는 현상을 경제학에서는 '몰입 상승의 효과'*라고 한다.

확증 편향은 비단 한국 정치만의 문제는 아니다. 권력이 제대로 견제받지 못하고, 독단적인 결정을 내리는 구조에 빠져들게 되면 언제든 나타날 수 있다.

뉴노멀 정치에서의 추격 집단 행태도 충분히 우려할 만하다. 2부에서 분석한 이번 정부의 부동산 정책도 맥락에 따라서는 권력의 확증 편향에 따른 강박적 현상이라고 볼 수 있다.

권력의 확증 편향과 관련해, 경제부총리의 전세 난민 사례를 들어보자. 부총리가 사는 전셋집 계약이 곧 끝나자 집주인이 실

---

* 잘못된 결정이었다는 여러 근거가 나와도 과거의 결정에 집착해 곧 좋은 결과가 나올 것이라는 막연한 기대를 가지고 계속 과거의 결정을 반복하는 태도가 '몰입의 상승(Escalation of Commitment)'이다.

거주 의사를 밝혀 세를 구해야 하는 처지가 되었다. 정부와 여당이 새로 시행한 임대차법으로 인해서 경제부총리는 한때 전세 난민이 되었다.

해당 입법을 통과시킬 때 당시 야당의 국회의원은 국회 연설을 통해 정부 여당의 입법으로 인해서 전세가 사라질 것이라고 경고했다. 세세한 부분까지 검토해 부작용을 최소화하는 과정인 축조 심의 없이 여당의 밀어붙이기식 법안 통과에 문제가 있다고 지적한 것이다. 권력의 확증 편향을 경고했다.

> 대체 무슨 배짱과 오만으로 이런 것을 점검하지 않고 이걸 법으로 달랑 만듭니까. 이 법을 만드신 분들, 그리고 민주당, 이 축조 심의 없이 이 프로세스를 가져간 민주당은 오래도록 기억될 것입니다. 우리나라의 전세 역사와 부동산 정책의 역사와 민생 역사에 오래도록 기억될 것입니다.
>
> 국민의힘 국회의원, 2020년 7월

추격 집단은 전혀 귀를 기울이지 않았다. 여당 의원은 기립박수로 해당 법안을 통과시켰다. 이후 해당 의원이 한 연설이 조명되자, 그들은 "극단적일 정도로 선동적"이라며 혹평했다.

여권은 여기에도 탈진실 전략을 사용했다. 야당 의원의 국회 연설과는 무관한 보유 주택 이력 등의 개인 신상털이가 '병치'됐다. 추격 집단 지지층의 혐오를 동원하는 전략이었다.

결과적으로 경제학자 출신의 야당 의원이 한 말이 옳았다. 오늘날 전세 시장은 대란에 빠졌다. 임대차 법안을 반대한 의원은 전세 난민이 된 경제부총리에게 "마포구 염리동에 매물이 3개밖에 없고, 가격이 2억 5,000만 원 올랐다는데 (전셋집 구하기가) 잘 되시길 바란다"라는 한마디를 남겼다.

현상을 제대로 인식하지 못하는 권력의 실패 사례. 권력의 확증 편향이자 몰입 상승효과의 대표적인 예다. 권력의 확증 편향이 우려되는 점은 일부 정치인들이 권력의 확증 편향을 정치 권력의 전략적 행사라고 잘못 이해하는 것 아니냐는 의구심이 들기 때문이다.

집단의 잘못된 문화를 집단의 권력 행사 방식으로 이해하는 경향이 높아진다면, 향후 정치 문화에 끼칠 악영향이 크다. 탈진실 전략이 정치 집단에 불리하게 전개되는 여론의 흐름을 막기 위한 정치적 방어 장치라는 개념이 강하다면, 권력의 확증 편향은 권력의 행사 방식과 관련된 것이라는 우려가 클 수밖에 없다. 권력의 확증 편향은 말 그대로 밀어붙이기식 방식이다. 이런 밀어붙이기가 고착화되는 기제가 될 수 있다.

힘이 있으면 무조건 밀어붙여도 된다고 생각하는 것이 권력의 방식으로 자리 잡는다면, 앞으로의 국회 문화는 더욱 빈약해질 것이다. 기본 전제가 사라지고, 국회가 정치 집단 간의 세력 대결로 흘러가면 한국의 민주주의는 후퇴할 수밖에 없다. 권력의 확증 편향이 대부분 정당 정치와 관련해서 동원된다는 점은 우려

**뉴노멀 정치의 권력 장치**

| 명칭 | 탈진실 전략 | 권력의 확증 편향 |
|------|-----------|----------------|
| 특성 | 가치 상대주의 | 독단적 의사 결정 |
| 효과 | 방어 기제 | 공격 기제 |

스러운 일이다.

지금의 뉴노멀 정치가 만든 탈진실 전략과 권력의 확증 편향이라는 권력의 장치는 한국 민주주의에 문제를 일으킬 가능성이 큰 기제들이다. 뉴노멀 정치의 권력 장치로 더 많은 것이 있을 수 있으나, 최근에 급부상한 것은 탈진실 전략과 권력의 확증 편향이다.

뉴노멀 정치 시대에 추격 집단은 이 2가지 장치를 가지고 방패와 창으로 이용하고 있다. 방패인 탈진실 전략을 쓰면, 사회에는 신뢰할 수 있는 가치 체계가 사라진다. 서로 논의할 수 있는 기제가 사라지게 되면 정치는 더욱 혼란에 빠져들게 된다. 혐오 정치를 부추기는 기제가 탈진실 전략이 될 수 있다.

아직은 일부 극성 지지층 사이에서 일어나는 일이지만 과도한 여론 비판 문화가 갈수록 확산하는 양상이다. 정치 집단이 그러한 비판 문화를 활용하고 응용하고 이용해 정치를 이끌기 때문에 여러 극성 지지층 문화가 되풀이되는 것이다.

극단적인 지지층 문화는 여야를 가리지 않고 확산될 것이다. 이는 필연적으로 정치 혐오를 불러일으켜 미래 사회에 불안정 요인으로 작용할 수밖에 없다. 정치의 가장 부담이 되는 요소로 성장할 것이란 얘기다.

권력의 확증 편향은 앞서 언급했듯이 권력의 행사 방식과 관련된 것으로 국회의 민주주의적 질서를 훼손할 가능성이 크다. 종국에는 권력 자체가 민주주의를 의심받게 되는 상황으로 흘러가게 된다. 특정 정치 집단이 행정부와 입법부의 권력을 독단적으로 사용한다면 향후 권력 구조가 바뀔 경우 상대를 견제할 명분이 없을 것이다.

뉴노멀 정치에서의 권력 장치가 정치에 대한 대중의 혐오와 무관심을 초래할 수 있다는 점을 유념해야 한다. 권력이 시민으로부터 지지를 받기 위한 대안은 멀리 있지 않다. 임대차법과 관련해 야당 국회의원의 연설이 시민에게 호평을 받은 이유에 그 해답이 있다.

시민은 정치 집단이 권력을 행사하는 데 시민의 눈높이에서 사안을 바라보며 더욱 신중하게 행사할 것을 요구하고 있다. 시민은 큰 틀에서 여와 야의 편을 들 수 있으나, 결국 자신을 보호하거나 더 나은 상태로 변화시키기 위해서 정치적 대리인을 지명해 정치에 참여하는 것이다.

여당의 임대차법 개정은 우려했던 것처럼 전세 매물이 마르는 상황을 초래했다. 추격 집단 입장에서는 전세 시장에 다소 문제가 생겼지만, 부동산 가격이 안정화됐다고 말하고 싶을 것이다. 전세가 사라질 것이라는 예측을 야당 의원이 했듯 여당 의원도 충분히 했을 것이고, 정부도 충분히 했을 것이다. 이런 예측을 하고서도 여당은 규제 입법을 밀어붙였다.

권력의 확증 편향은 사회에 권력이 지나간 흔적을 고스란히 남긴다. 전세를 구하지 못하거나 전세 구하기가 힘들게 되면 피해는 시민이 지게 된다. 전셋값이 크게 오를 것이고, 이는 또 부동산 시장 전체를 움직이는 뇌관이 될 수 있다. 임대인과 임차인과의 갈등도 크게 늘었다. 서울특별시에는 이 법이 통과하자마자 관련 센터의 상담 건수가 2~3배 폭증하기도 했다.

이 법이 통과됐을 당시 국무총리는 "우리 국민의 38%가 전·월세 주택에 살고 있는데 이 법이 시행되면 이분들의 삶이 보다 안정될 것으로 기대한다"라고 밝혔다. 더불어민주당 원내대표도 이 법을 환영했다. "세입자 보호 제도의 대혁신"이라며 "1989년 계약 기간이 1년에서 2년으로 바뀐 지 31년 만"이라고 했다. 야권의 지적으로 입법의 문제점을 충분히 인식했을 텐데 성과를 자화자찬하기에 급급했나.

탈진실 전략과 권력의 확증 편향은 사회에 심각한 악영향을 주고 있다. 추격 집단이 거센 비판을 마주한 이유다.

# 02

# 나쁜 정치 나쁜 경제

## 최악의 조합

한국 사회에서 정치와 경제의
선순환 조합을 고민해봅니다.
어느 조합이 가장 좋은 조합일까요.
권력의 시선에서 경제를 다시 살펴봅니다.
2부의 보충수업입니다.

## 어두운 그림자

가장 가까운 시간, 정치가 가장 강력한 힘을 발휘했던 시대는 역설적이게도 2차 세계대전 이후부터 1989년까지 유지된 냉전 체제 때다. '3차 세계대전의 공포, 세계 핵전쟁…' 인류의 두려움이 커질수록 정치는 시민의 주권을 손쉽게 회수해서 강력한 국가가 되었다.

그러던 냉전이 어느 날 갑자기 조용히 녹아내렸다. 역사의 종언이라는 시대 진단이 선포됐다. 역사의 끝 단계, 즉 자본주의 승리의 찬가이고, 새로운 세계 체제에 대한 기대와 평화와 번영에 대한 예언이었다.

지금은 아주 당연한 사회학자의 주장이 당시에는 엄청난 파장을 불러일으켰다. 1·2차 세계대전을 거쳐 인류 절멸의 위기 앞에서 극심한 체제 경쟁을 하던 시대에 익숙한 사람들은 전 세계의 시장이 하나의 공동 시장이 되고, 민주주의 정치 체제 속에 살아가게 되는 하나의 지구촌을 쉽게 떠올리지 못했다.

불과 30년 전인 1989년 이전의 일이다. 당시 자본주의의 승리로 끝난 역사의 종말로 전 세계에 평화가 올 것이라고 믿었다. 그러나 오늘날 세계는 다른 종류의 극심한 혼돈의 시대로 접어들었다.

냉전 시대만 해도 정치는 경제를 포획하고, 경제의 방향을 정치적 체제에 맞춰서 움직이려 했다. 세계의 모든 정치가 경제 체제에 극도로 민감했던 시절이 있었다. 정치 체제에 따라 경제 시스템이 좌우됐다.

경제 시스템에 따라 국가 간 자유로운 이동에 거대한 장벽이 생겼고, 자본주의와 사회주의 경제 시스템을 두고 어떤 시스템을 채택할지 세계 여러 나라에서 내전이 일어났다.

미·소 두 강대국을 필두로 3차 세계대전의 위협이라는 일촉즉발의 전운이 두 진영 사이에 흘렀다. 당시를 '전 세계가 핵전쟁에 가장 접근한 시대'라고 표현할 정도였다.

미국이 소련을 이기기 위해서 했던 우주 기지 건설 프로젝트, 달 착륙 계획, 군비 경쟁, 올림픽 금메달 숫자 늘리기 등 그 당시 자본주의 진영과 사회주의 진영 간의 격렬한 대립은 각자가 추구하는 경제 시스템이 상대보다 우월하고 강력하다는 것을 알리기 위한 극한 경쟁이었다. 자신이 주장하는 경제 체제를 전파하기 위해 혹은 지키기 위해 세계는 팽팽한 긴장감 속에서 수십 년을 보냈다.

오래된 이야기다. 냉전의 끝이라는 역사의 종말은 순식간에 찾아들었다. 사회주의식 계획 경제를 추구하던 소련과 위성국, 그를 따르거나 추종하려는 사회주의 진영 세력은 스스로 두 손을 들었다.

이제는 오래된 할리우드 영화에서나 경제 체제를 위한 세계 체제 진영 간의 극심한 갈등을 확인할 따름이다. 중국마저 자본주의의 심장을 이식하게 된 지금, 사회주의 경제 체제는 실패한 주식회사 이름과도 같은 존재가 됐다.

'사회주의 역사의 종말'이 회자된 것도 잠시였다. 정치와 경제의 치열했던 국제적인 편 가르기에 대한 대중의 관심은 사라졌다. 역사의 종말 이후 30년간 세계는 자본주의라는 경제 시스템에 대한 이견이 없었다. 1990년부터 2020년까지의 시대로 접어들었다. 큰 틀에서 보면 단 하나의 경제 체제가 존재하는 시대다.

'정치는 정치, 경제는 경제'의 시대다. 물론 여전히 사회주의 몽상가들은 존재한다. 고리타분한 사회주의를 꿈꾸는 좌파 진영은 여전히 자본주의를 혁명시키는 이야기를 한다. 이들은 지성계나 학계, 다양성을 존중하는 자유주의 시대에 소수 정당에 머물러 있을 뿐이다.

세계의 유력한 어느 나라도 국가가 모든 제품의 공급을 결정하고, 집단 농장과 회사와 산업 시설의 국유화와 식량 배급제를 기반으로 하는 경제 시스템으로 돌아가겠다는 '다시 사회주의로!'라는 구호를 내세운 세력이 정권을 잡았다는 소식이 들려오지 않는다.

사회주의를 외치는 정치 집단이 유럽과 어느 선진국 정부의 권좌에 올랐다는 소식을 들은 바는 없다. 최근 문제되는 남미의 좌파 정부라는 곳 역시 시장 경제와의 근원적인 단절을 부르짖는 사회주의를 주장하지 않는다. 이런 고립된 나라라면 북한 정도를 꼽을 수 있겠다.

중동과 아프리카 지역의 정세가 갈수록 심각해지고 있으나, 이는 시장 경제와 사회주의를 둘러싼 경쟁은 아니다. 이들 지역의 문제는 국가 정부와 비-국가 정부 간의 첨예한 갈등이다.

대부분 국가의 정부와 정치인들은 자본주의의 삐거덕대는 문제점을 납땜하고 새는 밸브를 고치는 정도에 머무른다. 시장 고유의 원리 자체에 깊숙이 개입해 이를 뜯어고치자고 주장하는 정치 집단은 극히 드물다.

역사의 종말 이후 세계 각국은 신자유주의 바람이 거세게 불었다. 냉전이 소멸하면서 시장 경제를 더욱 강력하게 추동하고자 하는 정치 세력이 대중의 압도적 지지를 받았기 때문이다.

오른쪽 날개와 왼쪽 날개의 경쟁에서 오른쪽 움직임이 더욱 강해지자 오른쪽으로 방향을 틀게 된 것이다. 처음에는 우회전이라고 생각됐지만, 오늘날 이를 옳은 방향이라고 인지하고 있다.

과거 사회주의를 시작했던 러시아와 중국도 자신들이 적용한 시장 경제 체제가 잘못되거나 엄청난 문제가 있다고 말하지 않는다. 그 속에서 세계 자본주의는 후퇴 없이 성장을 지속하고 있다.

오늘날 디지털화된 자본주의는 과거 신자유주의가 바라는 금융 시스템보다 더욱 강력해진 면이 없지 않다. 사회적 분배 정책도 여전히 성장하고 있다. 적어도 한국 사회에서는 그렇다.

긴 이야기를 하게 된 배경은 한국을 말하기 위해서다. 정치는 정치, 경제는 경제라는 시대를 지나서 경제 시스템 자체에 관한 이야기가 희미해져가는 오늘, 한국은 지금 정치와 경제의 관계를 다시 진지하게 들여다봐야 할 상황으로 접어들고 있다.

한국은 왜 정치와 경제를 고민해야 하는가. 한국은 지금 급격한 사회 전환기로 접어들고 있다. 역동적인 한국이지만 역설적이게도 오늘날 같은 변혁기에 들어선 적은 1987년 개헌 이후 없었다. 방향도 전혀 달랐다.

한국은 조용하지만 미끄러지듯 변화 속도가 빨라지는 사회 전환기에 빠져들고 있다. 최신의 전기차들이 내연 기관 특유의 엔진 소리가 나지 않는 것처럼 말이다.

과거의 전환기는 거센 소음과 갈등이 완연했다면, 지금의 전환기는 다르다. 그래서 사람들이 인식을 정확하게 하지 못하고 있다. 전기차가 도로 위에서 당신에게 다가올 때처럼 말이다.

한국은 그간 정해진 자본주의와 민주주의 엘리트 루트를 달려온 고속 열차였다. 미국이라는 큰 우산 아래에서 성장한 시장 경제 체제의 총아였고, 자본주의 경제 체제의 우수성을 알린 모범 신생국이었다. 민주주의 발전도 함께 이뤄낸 나라로 지목된다. 위계와 소속 집단을 중요시하는 특유의 동아시아 문화에 속한 바람에 구미 국가의 한국 주재 특파원들의 눈에는 개인의 자유 분야는 터무니없이 부족하다고 평가되지만 말이다.

한국은 북한과 분단된 지 오래되었지만 그래도 1948년 건국 이래로 민주주의와 시장 경제가 강화되고 발전되는 한 방향으로 성장해왔다. 자본주의 시스템 아래에서 경제 규모를 강화하는 국가 주도의 계획 경제 방식으로 정부·정치·사회·개인이 일사불란하게 움직여왔다. 이를 추동해나간 것이 한국 정치였다.

건국 이래 동일 계열의 정치 집단이 오랜 기간 주도권을 잡았다. 부침이 있었으나 한 나라를 꾸준히 주도했다. 이들 정치 집단은 정부와 시장·사회·교육·군사·외교 등 각 분야에 시장 경제 체제의 질서를 부여하고 이를 이끌어왔다.

이들이 주도적인 세력으로 한국 사회에서 위치한 이유는 이들의 성과가 시민이 판단하기에 나쁘지 않았기 때문이다. 정부는 한때 권위주의로 빠져들어 시민 사회와 대립을 겪었으나 이 역시 민주화 흐름 아래에서 세계사적으로는 드물게 민주주의 바다로 배를 진수시키며 성공적인 정권 교체를 이뤘다.

이 상황에서도 경제 시스템 전반에 대한 변혁 요구가 제기되진 않았다. 한국의 시민과 사회는 사회주의로의 변화를 원하지 않은 것이다. 이를 분단 체제의 영향으로 국가 권력이 사회주의 운동이나 공산주의자들의 활동을 핍박해서라고 보는 것은 틀린 시각이다.

한국 정부는 여러 차례 큰 위기를 맞았지만, 그 위기에서도 거대한 규모의 자생적인 사회주의로의 전환 움직임은 일어나지 않았다. 오랜 반공 교육의 결과물이라 생각할 수도 있으나, 사회주의 자체가 시민의 선택을 받지 못하는 체제임을 확인해온 것이 대한민국의 역사다.

레드 콤플렉스로 평생 큰 피해를 본 김대중 전 대통령 경우도 재임 당시 보여준 경제 기조는 자유 시장 경제 지향에 더 가까웠다. IMF가 던져준 고난도의 자본주의 체제 기준에 맞춰서 경제 체제를 개선했고, 그 결과 김 전 대통령은 IMF 체제를 조기 졸업하기도 했다.

한국의 시민 저항의 역사는 사회주의라는 국가 체제보다는 자유의 확대와 권리 보호라는 측면에 초점이 맞춰져 있다. 정부와 관료의 권력 축소, 시장과 개인의 자유 확대, 개인의 안전과 권리 보호가 역사의 발전 방향이었다. 이는 한국의 역사 발전 과정을 민주화라고 표현하는 이유이기도 하다. 바로 민주화, 시민이 주인이 되는 과정이 한국 역사의 발전 방향이다.

자유와 시장을 순항하던 한국 정치의 사회적 방향성이 큰 타격을 입은 것은 최근의 일이다. 건국 이래 주도권을 가지고 있던 정치 집단이 급격히 쇠락하면서 주도권 집단의 가치에 대항하며 세력을 넓혀오던 정치 집단이 정국의 주도권을 한순간에 잡았다.

이들 집단은 경쟁 집단이 몰락에 가까울 정도로 영향력이 축소되자 정치 영역에서 강력한 헤게모니를 잡게 됐다. 정치 체계를 강화할 변경된 정치적 미션들이 사회의 각 분야로 쏟아져 들어가기 시작했다.

한국 정치는 긴장적 균형의 상태를 수십 년간 지속해왔다. 두 정치 집단 간의 동적 교착으로 한국 정치는 사회 변화의 주도권을 어느 한쪽도 쉽게 잡지 못했다. 한국 역사에서도 정치적 주도 세력이 바뀐 유사한 상황이 있었다. 바로 김대중·노무현 정부 당시인데 이와 비교하면 지금의 사회 변화는 더 클 수밖에 없다.

정치를 이끄는 추격 집단이 강력해질수록 사회 변화의 지속 기간은 더욱 오래갈 것이다. 과거보다 오늘날의 사회 변화가 더 크고 넓게 진행될 가능성이 더 크다. 김대중·노무현 정부는 IMF 체제 극복과 그 이후라는 시기적 특성 탓에 국내 정치가 경제 영역을 함부로 할 수 없었다.

국가 부도가 난 직후의 상황에서 외국과 국제기구의 원조를 받아야 하기에 시장 경제라는 대전제를 손대기 쉽지 않았다. 오히려 김대중 정부는 더욱 시장 친화적인 방향으로 사회를 바꾸라는 압박을 받았다.

김대중 정부의 IMF 체제 종식으로 IMF 그늘에서 상대적으로 한 발 물러설 수 있었던 노무현 정부는 김대중 정부보다 자유로웠다. 그런 노무현 정부도 대외적인 시장 변화의 흐름은 거스르지 않았다. 한미 FTA가 그 대표적인 예다.

물론 노무현 정부는 자신의 정치적 지향-불평등 해소라는 과제를 시장 경제에 실험하려 했다. 노무현의 경제 실험은 실패했다. 대표적인 것이 부동산 정책, 수도 이전, 지역 균형 발전 등이다. 노무현 정부는 '아마추어리즘 정부'라는 격렬한 비난 속에서 막을 내리게 됐다.

김대중·노무현 정부 당시만 해도 한국의 방향을 오래도록 이끌어온 정치 구조가 강력히 유지되고 있었다. 적어도 양쪽 정치 세력이 상대방의 폭주를 견제할 수 있을 정도의 국민적 지지를 끌어내는 역량이 있었다.

오늘날 한국 정치는 균형이 무너진 상태다. 탄핵의 시간으로 한국 정치 구조를 지탱하던 한쪽 기둥이 무너졌다. 기둥이 무너져 한국 정치라는 건물 자체가 기울어지고 있다. 오늘날의 정치 구조에서 주도권을 쥔 추격 집단을 견제할 마땅한 세력이 존재하지 않는다는 얘기다.

정치가 강력하게 제자리를 잡으면, 대부분 경제는 많은 영향을 받게 마련이다. 그 조합은 여러 조합으로 나타났다. 좋은 정치와 좋은 경제라는 길항적인 관계가 있다. 미국의 황금시대가 보여주듯 민주주의가 번성하고, 경제 성장도 황금기를 구가하면서 만인이 더 행복해지는 시대로 발전하는 상황이다. 사실 정치보다 경제에서 성과를 내기가 더 쉽지는 않아 보인다.

'나쁜 정치, 좋은 경제'라는 말은 권위주의 국가의 경제적 성과를 설명하거나 해당 체제를 지칭하는 표현으로 자주 쓰였다. 한국의 과거 권위주의 정부도 이런 평가를 대내외적으로 자주 받는다.

좋은 경제적 성과를 내는 것은 아주 드문 일이기에 예외적인 사례다. 많은 국가는 나쁜 정치에도 불구하고 만성적인 경제적 어려움에 빠져나오지 못한다. 어제의 빈국은 오늘의 빈국인 경우가 대부분이다.

일반적으로 좋은 정치, 나쁜 경제는 정치 지도자들이 겪는 대개의 어려움이다. 민주주의를 발전시키려고 노력했지만, 경제는 악화하는 상황에 직면하는 경우다. 많은 국가가 경제 발전에 큰 성과를 내지 못한다. 이는 경제적 성과를 낸 국가 지도자들에게 많은 이가 열광적으로 지지를 표한다는 사실에서 알 수 있다.

어느 정치인이나 좋은 정치로 좋은 경제적 성과를 낸다면, 누가 그런 사실을 역사에 남기고 기억하겠는가. 현실은 그보다 나쁜 쪽이다. 보통의 정치, 나쁜 경제가 대략의 정치와 경제의 조합일 것이다.

시장 시스템이 인간의 이성으로는 쉽게 제어되지 않는다는 것은 현대 지성인이라면 누구나 아는 사실이다. 그래서 한때 세계를 양분했던 사회주의는 실패했다. 실패한 국가 체제는 많은 시민을 불행으로 이끌었다.

많은 사회주의 국가가 해법을 찾지 못하고 자본주의를 수용했다. 좋은 계획이라도 시장에서 자율적으로 해소되지 못한다면 나쁜 결과를 초래한다. 좋은 정치가 좋은 경제로 매칭되기 어려운 이유다.

경제는 외적 변수에 취약한 시스템이다. 변수가 생기면 충격으로 진폭이 거대해지는 것이 경제라는 시스템이다. 굳이 한국은행이나 금융 전문가의 이야기를 참고하지 않아도 경제가 얼마나 민감한 시스템인지는 역사의 경험을 통해 알고 있다. 경제가 쉽사리 통제되는 영역이 아니라는 것은 역사가 증명하고 있다.

대부분 좋은 정치의 요건은 충분히 견제받는 권력일 경우에 성립 가능하다. 스스로 견제하는 이데아적인 정치는 존재하지 않는다. 권력은 부패하기 마련이다. 그런 면에서 나쁜 정치의 필요조건은 견제를 받지 않은 권력일 경우다. 이때 권력은 십중팔구 나쁜 정치로의 흐름을 따라가서 결국 그 속에 갇히기 쉽다. 견제받지 않은 정치는 나쁜 정치가 된다.

한국 정치는 계속 발전하는 두 갈래의 힘이 팽팽한 긴장을 맞춰야 하는 닫힌 시스템이다. 그런 균형 속에서 사회는 신중한 발걸음을 내딛게 된다.

시스템을 최대한 유지·개선하려는 측과 시스템을 바꾸고 주도권을 탈환하려는 측이 각각 내미는 180도 다른 성격의 정책의 옳고 그름은 없다. 미래에 어떤 효과를 일으킬지는 적어도 그 시점에서 알 수 없기 때문이다. 주도 세력의 입장에서 이 세력이 지향하는 정책이 절대 선이며, 반대 입장에서는 자신이 지향하는 정책이 선善 그 자체다. 이렇게 주장할 뿐이다.

정책의 실패 리스크는 어느 세력이나 가지고 있다. 자신이 내놓은 정책이 실패할 때 상대방에게 권력, 국민의 지지, 선거에서의 승리가 넘어간다. 이런 구조에서 양대 정치 세력은 시민의 삶에 직접적인 영향을 주는 국회의 입법 과정에 양쪽의 입장을 절충하게 된다. 국회라는 공간이 '권력의 절충 지대'라는 별명을 가지고 있는 이유다.

탄핵의 시간 이후 한국 정치의 시스템은 바뀌었다. 강력한 지지를 받는 대통령과 막강한 의석수를 가진 입법부가 생겨났다. 이러한 권력을 획득한 정치 집단은 한국의 현대 정치에는 없었다. 강력한 견제가 부재한 상황에 한국 정치가 서 있다. 이전의 한국 정치 시스템은 작동을 멈췄다.

시스템을 바꾸려는 정치 집단에 의해 시장주의를 지향해온 한국의 방향이 바뀌게 됐다. 자유주의 진영과 진보주의 진영의 오랜 질서가 깨져버렸다. 한국 사회를 유지하는 거대한 축들이 해체되고 새롭게 조립되기 시작했다. 한국 정치의 외곽 구조도 변동되기 시작했다.

한국 정치의 외곽 구조는 정부·정치 대 시민 사회라는 구조로 오랜 시간 균형을 맞추고 있었다. 한국 시민 사회의 연원은 오래되지 않았다. 민주화 시절로 거슬러 올라가는 시민 사회는 정부와 정치권력에 대항해 만들어진 야권 성향의 단체들로 구성되어 있다. 이들은 주로 정부와 여권을 견제하는 정치적 외곽 지원 세력 역할을 해왔다.

이런 시민 사회는 야권 세력에 뿌리를 둔 채 하나의 정치적 가계家系 혹은 부족Tribe으로 진화해왔다. 한국에서 과거 야권과 시민 사회는 사실상 같은 집안이었다. 재야 운동을 하다가 정치권으로 혹은 시민 단체로 향하는 경로 선택의 문제일 뿐이었다.

과거 정부가 강력할 때 야권과 시민 단체는 서로 간의 깊은 유대감으로 상호 지원을 하고, 강력한 정부와 정치 주도 세력이 시민의 권리에 나쁜 영향을 끼치는 것을 막았다.

당시 야권과 시민 사회는 강력한 정부에 대항해온 전우이자 한 혈통으로 묶이는 단일 집단이었다. 각종 시민 단체와 당시 야권 정치권인 현재의 정부와 여권과 긴밀한 관계가 지금까지 이어지게 되는 배경이다.

다수의 시민 단체로 구성된 시민 사회는 각 분야에서 권위를 가지게 됐다. 일부는 환경·인권·법률·경제·여성·노동 분야로 특화되어서 전문적인 목소리를 내다가, 정치적 현안에서는 성지계를 지원하는 외곽 세력으로 전환되어 시민에게 정치적 메시지를 확대·전달하는 역할을 해왔다.

정치 영역에서 우호 세력이 정치적으로 열세에 처할 때 이를 광장에서 돌파하는 역할도 해왔다. 제도권 의회에서 쉽게 제기하기 어려운 문제를 주도하면서 시민 단체는 정치의 강력한 외곽 세력으로 성장했다.

이렇게 볼 때, 한국 정치 영역은 제도권 정치 내의 주류 세력 대 제도권 정치의 야권 세력과 시민 사회 세력 연합의 대당對當적이고 역동적 체제가 이뤄져 있었다. 이러한 역동적 체제가 한국의 민주주의가 발전해온 길을 만들어냈다. 이런 경쟁 구도에서 주류 정치 세력이든 야권 세력이든 더 나은 정치를 위해 시민의 여론을 더 많이 수렴하는 구조로 발달하게 된 것이다.

한국 정치는 제도권 주류 정치가 핵심적인 정치인이나 정책을 통해 민심을 얻어서 성장하면, 반대 세력도 민심을 얻을 수 있는 정치인이나 정책을 내놓고 상대의 성장에 따른 균형을 보상하면서 발전하는 민주주의 성장 경로를 밟고 있었다. 적절한 동적 균형에서 유래하는 경쟁이라는 요소가 준 한국 정치 발전의 비결이었다.

포스트 탄핵 이후에 오랜 시간 만들어진 정치 성장 경로가 없어졌다. 많은 이가 탄핵 시간 이후, 더 나은 민주주의가 올 것이라고 예견했지만 그것은 섣부른 기대였다.

## 견제받지 않는 세력

뉴노멀 정치에서는 또 다른 질문을 던질 수 있다. 무엇보다 견제력이 가장 중요하다. 질문으로 바꾸면 다음과 같다. "권력은 스스로 올바를 수 있을 것인가." 현재의 대한민국 뉴노멀 정치 구조는 권좌에 오른 추격 세력을 까다로운 시험대에 올려놓고 있다. 대부분 정치는 자기 신념에 빠져서 자신의 행위가 정당하다고 믿는다.

정치는 본질적으로 자기 만족적이고 자기 목적적인 행위다. 자신의 목적을 지향하고, 달성하는 행위라는 면에서 정치 그 자체가 나쁠 수는 없다. 정치 앞에 수식어로 "나쁘다 혹은 좋다"라는 말이 붙는 것은 정치의 상대적 효과 때문이다.

정치는 속성상 정치에 권력을 위탁하는 시민이 영향을 받게 되는데 시민의 평가에 따라 정치의 속성이 정해진다. 처음부터 절대적으로 옳은 정치도, 절대적으로 잘못된 정치도 없다.

견제받지 않은 권력이 됐을 때 정치가 잘못되는 것이다. 견제받지 않은 권력은 합법적인 절차를 밟아서 탈정부적인 상태로 정치 현실을 만들어가기도 한다. 민주주의가 대중 선택 가운데 잘못된 경로를 밟을 경우가 이에 해당한다.

대부분의 독재가 합법적인 선거를 시작으로 독재자로 자리 잡았다는 사실을 역사가 증명하고 있다. 3대 세습 독재 체제를 이어가는 북한도 외관상 절차를 따른 선거로부터 권위를 얻어서 정치를 시작했다. 당시 김일성이 지금처럼 굶주림이 넘쳐나고 인권이 짓밟히는 나쁜 정치를 하려고 정치를 시작한 것은 아닐 것이다.

북한의 예를 보듯 혈통이나 가족을 위해 나쁜 정치를 해도 그 정치가 오래 유지되는 것이 견제받지 않은 권력의 무서움이다. 북한은 인위적으로 견제받지 않은 권력 상태를 만들기 위해 대내적 숙청을 단행해왔다.

권력을 지속하려면 견제받지 않은 상태가 중요하다는 점을 북한의 독재 정치가 극적으로 보여준다. 북한이나 아프리카의 최빈국이 보일 법한 민주주의 문제가 최근 여러 나라에서 발견되고 있다는 점에 경각심을 가져야 한다.

최근에는 많은 나라가 민주주의 경로에서 벗어나 의사疑似 독재 국가 형태로 발전하고 있다. 사회주의 독재 국가의 전통 위에 있는 러시아와 중국은 예외로 치더라도 헝가리·인도·터키·브라질·베네수엘라·필리핀 등에서 최근 20여 년 사이에 민주주의가 급속도로 후퇴했다. 이들 국가의 공통점이 있다. 합법적 제도로부터 시작된 권력의 집중 현상, 기존 정치 질서의 와해 현상이다. 신흥국 스트롱맨 현상이라 부를 만한 광범위한 포퓰리즘 현상이다.

한국은 예외일 수 있을 것인가. 한국도 강력한 1인 권력 체제의 슬픈 과거가 있다. 여전히 이런 상처가 정치 구조 속에 남아 있다. 권력자는 많은 유혹에 시달릴 것이다. 권력은 간섭받지 않기 위해 노력한다. 그리고 견제받지 않은 강력한 권력은 오직 자신이 바라는 것을 진행한다.

권력을 쥔 정치 세력은 무한한 권력을 가장 원할 것이다. 그 권력을 끊임없이 누리고자 하는 것이 권력의 기본 속성이다. 그런 권력의 속성을 천박하게 드러내는 집단이야말로 무서운 집단일 것이다.

자신들을 늘 균형의 시험대 위에 올려놓지 않고, 자신들이 무엇을 해도 권력을 유지할 수 있는 정치적 상태를 만들겠다고 주장하는 권력을 유의해야 한다.

민주주의의 위기는 사회의 극심한 혼란에서도 오지만 강력한 지도자와 정치 집단으로부터 시작되기도 한다. 제도권 권력을 완전히 장악하게 된 권력은 결코 한곳에 머무르지 않는다.

권력은 자신의 상태에 만족하지 않는다. 견제를 받지 않게 된 권력은 자신의 의도를 사회의 각 분야에 투영하려 한다. 자신들이 생각하는 가치를 통해 사회를 개조하려고 여러 가지 사회 개조 프로젝트를 진행한다. 이러한 권력의 움직임은 동시적이다.

권력을 얻은 정치 세력은 다른 분야, 즉 경제·사회·문화 분야에서 자신이 영향력을 충분히 발휘할 수 있도록 다른 분야를 점령한다. 여기서 '점령'은 각 분야 전문가 포섭부터 각 분야가 정치 분야에 잘 연동되어서 핵심적인 정치 행위가 잘 전도되도록 질서를 바꾸거나, 동일화하는 작업을 진행하는 것을 말한다.

마치 문화 접변 현상처럼 말이다. 국회에서 연간 통과되는 법안 수는 2,200여 건(20대 국회 기준)에 달한다. 1년만 해도 2,200건의 새 법안이 당신의 삶을 바꿀 수 있다는 것을 뜻한다.

여당이 경제 관련 민생 법안을 야당의 반발에도 강력하게 밀어붙일 수 있는 것은 바로 다수의 의석과 그렇게 해도 흔들리지 않는 혹은 흔들리지 않을 것이라고 계산된 지지율 때문이다. 절치부심해온 추격 세력이 자신이 타격 목표로 삼는 집단의 범위와 대상을 넓힌 것은 우연이 아니다.

견제받지 않는 권력이기에 가능한 것이다. 세력이 약해진 옛 주도 세력은 이들을 버텨낼 정치적 체력이 없다. 추격 세력에게 문제를 제기할 능력이 현저히 떨어졌다는 얘기다.

최강의 입법 권력으로 거듭난 추격 세력은 앞으로도 많은 법안을 밀어붙일 것이다. 이는 정당의 문제가 아니라 권력의 속성이다. 권력은 강력한 견제가 멈추게 할 수 있다. 양대 정치 구조에서 단수 정치 구조로 바뀐 지금, 권력의 견제가 중요해졌다.

현실적으로 추격 세력의 견제는 어렵다. 4년 임기가 보장된 의회 권력이기에 여당은 정부 임기 말에 불거질 여러 정치적 난제에 부딪힐수록 의회를 독단적으로 운영하려 할 것이다. 그 양상은 독단적인 입법으로 나타날 공산이 크다. 충분히 고려되지 않은 입법은 선의의 피해자를 양산하게 될 텐데 말이다.

나쁜 경제는 나쁜 정치가 만들어낸다.

# 20%는 정의로운가

## 공정과 위선

뉴노멀 정치 현상 가운데 정의에 대해 논의해봅니다.
'20%로 대변되는 정치 엘리트들은
과연 공정한가'라는 문제를 비판적으로 검토해봅니다.

## 1% vs. 20%

근대 이후의 정치는 '시민의 영역'을 확보하기 위한 끈질긴 노력이었다. 한국도 그런 정치의 세계사적인 흐름에서 벗어나지 않는다. 우리 사회도 처음부터 현대 수준의 시민의 영역을 허락한 것은 아니었다. 정부와 소수층의 권력이 개인의 자유를 강제하고 억압한 시절이 있었다. 정부 권력과 손을 잡은 소수의 경제 집단이 개인의 자유를 억압하기도 했다.

그런 상황에서도 한국 사회는 헌법 정신에 따라 개인의 자유를 확대하는 방향으로 정치를 발전시켜왔다. 시민 영역의 확장이란 흐름은 꾸준히 이어졌다. 강력한 권력을 가졌던 사회의 권력층이 약화됐다.

정확하게 말하면, 1% 계층의 정치·사회적 영향력이 많이 약해졌다. 1% 계층은 사회 구조상 여전히 강할 수밖에 없으나, 한국 사회가 지나온 궤적을 보면 1% 계층의 특권적 지위나 행위를 상당히 제어하는 방향으로 우리 사회는 움직이고 있다.

한국 최고의 권력자인 대통령도 파면되고, 한국 최고의 경제계 인사들도 줄줄이 구치소에 수감됐다. 유전무죄, 돈이 있는 자 죄가 없다는 논리는 점점 한국 사회에서 희박해지고 있다. 한국의 가장 돈 많은 이도, 한국에서 가장 큰 권력을 쥔 이들도 법에 따라 구치소행을 피하지 못하는 사회가 되었다.

많은 변화가 일어나고 있다. 바야흐로 '시민의 시대'다. 시민이 주인인 세상이 왔다고 한다. 그런데 그 시민이 누구인가. 한국의 5,000만 명 가운데 누구의 시대인가. 전문가들은 우리 사회의 헤게모니가 '20% 정치 집단'으로 넘어갔다고 보고 있다.

20%는 중상류층 엘리트를 가리킨다. 이들 엘리트 집단으로 우리 사회의 주도권이 넘어가고 있다는 것이다. 특권층인 1%를 견제하자는 20% 정치 집단의 정치적 구호와 주장은 우리 사회에서 뜨거운 호응을 받아왔다.

'20% 정치 집단'은 누구인가. 순자산 기준으로 상위 20% 가구의 평균 순자산은 10억 8,517만 원(2019년 기준)이며, 연소득은 9,000만 원에 육박한다. 이들 계층은 대개 전문직이며 교수나 변호사, 골드칼라 직장인이다.

이들은 1% 계층에 속하는 극소수의 엘리트는 아니다. 20% 계층은 1% 계층보다 더 서민적이다. 그러나 사회 전체 피라미드에서 보면 이들의 지위도 한편에서는 특권적이다. 대부분 전문직으로 안정적인 삶을 영위하는 계층이다. 20%의 상한선으로는 중상류층 가정에서 태어난 2세로 유학파 학자, 교수, 변호사, 의사, 금융업 종사자 등 전문직 골드칼라다. 이 집단의 하한선은 중산층 가정에서 태어나 유수의 대기업에서 일하는 실버칼라 계층들로 이뤄져 있다.

20% 집단은 정치적으로 20% 계층의 주장을 대리한다. 1% 중심의 사회 질서와 논리를 반대하고, 사회의 하위 계층을 위해 분배적 정의를 더욱 강화해야 한다고 밝히는 집단이다. 현상적으

로는 복지와 분배적 정의로, 사회의 하위 계층을 옹호하는 주장을 펼친다.

오늘날 한국 사회의 주된 담론은 불평등, 상대적 빈곤이다. 불평등 해결이 절대적 빈곤보다는 상대적으로 폭넓은 시민의 지지를 받는 것이 최근의 현실이다.

1%의 특권 해체는 한국 사회에서 가장 강력한 화두였다. 1%의 전횡, 1%의 갑질, 1%의 안하무인, 1%의 자녀 특별 교육, 1%의 반칙적인 삶을 징벌하고 제어하는 것이 한국 사회의 뜨거운 이슈였다. 이는 여전히 한국 사회의 핵심 담론이기도 하다.

1% 계층이 누린 특권적 지위, 반칙적 행위로 인해 발생하는 사회 불평등, 불공정과 불의가 사회의 핵심 문제라고 생각하고 이를 해결하자는 주장이 시민에게 공감대를 형성했다. 1%를 상징하는, 극소수의 대기업 소유주는 검찰의 단골 수사 대상이 됐다. 실제 한국 사회의 1%는 여러 비리에 연루돼 있었다. 검찰은 1% 계층을 수사하는 데 제 몫을 톡톡히 했다.

1% 계층의 특권 해체를 상징적으로 보여주는 일련의 사건의 하이라이트는 탄핵의 시간에 일어났다. 국회에서 열린 국정 농단 청문회에 국내 굴지의 대기업 회장과 대표이사 8명이 나왔다. 그들이 1%의 인물들이다. 그 장면만으로도 그들에게는 확실한 낙인이 찍혔다. 그리고 그들이 나란히 앉은 모습이 TV에 생중계되는 순간, 그들이 누렸던 1% 계층의 권위와 특권은 해체되었다.

시민은 한껏 분노하고 '1%의 사회'를 바꾸자고 목소리를 높였다. 탄핵의 시간 이후 재판을 받거나, 이 와중에 구속되어 구치소로 향하게 된 대기업 회장이 생겨났다. 세상이 시민이 원하는 만큼의 특권 없는 공정한 사회로 바뀌었는지는 모르나, 적어도 우리 사회의 주도 세력에 변화가 생긴 것은 분명했다.

우리 사회 최고의 1% 계층도 시민을 함부로 할 수 없는 사회로 변해가고 있다. 이제는 본인이 1% 계층의 구성원이라 해도 자신의 부모가 소유한 항공사 직원의 땅콩 서비스를 문제 삼아 기내에서 난동을 부리고 월권을 행사하지 못하는 시대다. 과거 유사한 사건이 있었고, 이 일을 기점으로 해당 일가에 대한 철저한 수사가 벌어졌다. 시대가 변하고 있다는 것을 알지 못한 1% 계층의 엇나간 행동이었다.

20%의 시대가 왔다. 1% 계층의 탈법과 위법 행위는 용납하지 않는 시대다. 한국 사회는 20년간 특권적 지위를 이용한 1%의 비리와 갑질에 대한 많은 제재를 내리고 처벌을 해냈다. 1% 대신 20% 엘리트의 손을 들어준 여론의 힘이자 시민의 힘이었다.

이제 1% 계층은 과거보다 훨씬 여러 면에서 제약받기 시작했다. 정부는 엄정한 법 집행을 약속했고 검찰과 재판부도, 재계의 저승사자라는 공정거래위원회도 1%를 압박하는 것과 연계될 수 있는 강력한 조치를 내놓았다. 20% 엘리트 집단이 대거 진출한 국회 역시 다방면의 입법 조치를 진행하고 있다.

20%가 주도하는 시민의 시대다. 이제 사회는 정의로워져야 했다. 그런데 문제가 생겼다. 과연 20% 엘리트가 정의로운가에 대

한 의구심이 쏟아지고 있다. 20%가 권력을 잡게 되자, 이들도 사회의 또 다른 특권 계층으로 지내왔다는 정황이 드러나고 있다. 20% 계층도 우리 사회 피라미드 상층부에 서식하면서 많은 이권을 누렸다. 20%도 파워 엘리트인 것이다.

20% 계층은 오랜 기간 1% 계층과 한국 사회의 주도권을 둘러싸고 치열한 다툼을 해왔다. 1%와 99%의 격전을 이끄는 20%의 위상은 점점 확대되었다. 1%만큼은 아니지만, 1% 계층보다 다수인 20% 계층은 자신들이 가진 여러 네트워크와 금력, 인적 자원을 활용해서 40%, 60% 계층에 속하는 시민은 생각할 수 없는 종류의 특권적 지위를 누렸다.

과거 20% 계층의 특권적 행태는 사회에서 큰 문제로 대두되지 않았다. 그러나 20% 정치 집단이 권력의 최고위 자리에 오르자 이들이 누린 탈법적 수준의 비리가 전면으로 떠오른 것이다.

1% 집단의 탈법적 특권을 집요하게 공격하던 20% 집단도 그들이 누린 특권적 행위로 인해 민심의 저울 위에 올라선 것이다. 20% 계층의 특권적이고 탈법적인 행위에 사회는 아직 혼란스럽다. 1% 집단의 탈법 행위보다는 규모가 작고, 압도적이지 않다. 이를 두고 일부는 단호하게 문제점을 지적하고, 일부는 용인해야 한다는 목소리를 내고 있다.

20% 집단은 어떤 문제점을 노정하고 있는가. 20% 집단으로 대표되는 정부가 출범하자마자 중요한 상징성을 지닌 사건이 여럿 터졌다.

**1% 사회와 20% 사회**

| 패러다임 | 1% 사회 | 20% 사회 |
|---|---|---|
| 주도층 | 최상류층 엘리트 | 중상류층 엘리트 |
| 정치적 상징 | 절대적 빈곤 | 상대적 빈곤 |
| 성향 | 근원적 빈곤 해결<br>경제 성장 강조 | 1% 특권 비판<br>분배 중시 |
| 인원 | 소수 | 다수 |
| 핵심어 | 경제 성장 | 공정·정의 |

먼저 거물급 정치인의 사건이다. 전직 대통령의 최측근으로, 도지사를 역임하고 대선 후보까지 나온 유력 정치인의 비서 성폭력 사건이다. 운동권 출신으로, 사회 정의를 거듭 주장하던 유력 정치인의 추문은 많은 이에게 충격을 던져줬다. 20%의 도덕성에 큰 치명타를 안겼다.

다음은 유력 정치인이 포털사이트 여론 조작 사건에 연루됐다는 의혹이다. 17대 대선과 총선에서 여론을 조작한 일당이 광범위하게 포털사이트에 댓글로 여론을 조작해온 사건인데, 유력한 거물급 정치인이 연루됐다는 의혹이 사건의 개요다.

20%가 정치적으로 청렴할 것이라는 생각에 또 한 번 타격을 준 사건이었다. 이 사건이 없었다면 이들의 댓글 여론 조작이 언제까지 진행됐을지 아무도 모를 일이다. 물론 가정의 가정이다.

전 법무부 장관 일가의 자녀 입시 비리는 20% 집단이 가진 공정의 딜레마를 단적으로 보여준 사건이다. 사회의 하위 계층인 젊은 층과 20% 계층과의 격차를 느끼게 해줬다. 젊은 층은 20% 가 자신들과는 다른 계층의 존재라는 것을 깨달은 듯하다. 누군가는 "그 정도가 비리인가"라는 평가를, 누군가는 "그런 비리를 저지르다니"라는 상반된 평가를 내렸다.

이외에도 여러 사건이 있다. 환경부 장관 블랙리스트 사건, 울산시장 개입 선거 의혹 등도 추격 집단의 또 다른 이름인 20%를 대변하는 정치 집단이 그들 주장처럼 과연 정의로운가라는 의문을 강하게 들게 한다. 고인이 된 시민 단체 출신 변호사 서울시장의 성폭력 의혹 사건도 마찬가지다. '부도덕'이 상위 1%만의 전유물은 아니라는 점을 보여준다.

이렇게 한국 사회의 주류 세력이 된 20% 집단이 1% 집단보다 과연 공정하고 정의로운지 의문이 드는 일련의 사건이 이어졌다. 20% 집단은 공정과 정의를 주장하지만, 그들의 주장보다는 훨씬 더 많은 문제를 안고 있다. 이런 사회적 상황은 과연 1% 사회와 20% 사회의 차별점은 무엇인지 의구심을 자아내고 있다.

과거 1% 계층이 사회의 병폐요, 문제라고 주장한 이유는 이들의 초법적·특권적 행위 탓이었다. 1%의 불법적 행위가 사회의 건전한 질서와 균형을 해치기 시작했기 때문에 시민이 이들을 견제하는 데 전폭적으로 동의한 것이다.

달리 말하면 우리 사회는 사회를 이끌던 1%에게 과도한 힘이 부여되거나, 이들이 특별 대접받는 것에 대해 사회적 반대를 한 것이다. 민주주의 정신이 반영된 것이다. 한 명의 개인은 그 이상의 특권을 배려받거나 재산이나 부·권력에 의한 초과된 힘을 부여받을 수 없다는 것이다.

오늘날 20% 집단이 비난받는 것도 같은 맥락이다. 20% 집단의 행위가 사회 정의에 부합하느냐가 핵심이다. 20% 집단과 연루된 일들이 공정이라는 질서를 무너뜨리고, 이로 인해 시민에게 피해를 준다면 이들도 과거 법과 질서 위에서 군림하려 한 1% 집단이 사회의 공공의 적으로 취급받고 각종 제어 장치에 묶이고 징벌을 받은 것처럼, 20%도 마땅히 제재를 받아야 할 것이다. 문제가 생긴 부분은 수술을 해서라도 도려내고, 환부는 봉쇄해야 한다.

20% 집단은 시민에게 호소해왔다. 그들은 사회의 주도 세력인 1%의 전횡을 막기 위한 여러 사회적 입법을 진행해왔다. 특정한 사건 이후에 1%가 저질러온 문제점을 사회 구조적으로 막기 위해 다양한 절차가 진행되어왔다. 그리고 1% 대신 20%에 많은 권력을 부여했다.

뉴노멀 정치의 노블리스 오블리제가 필요하다. 20%가 무슨 노블리스냐고 할 수 있겠지만 사회는 1%를 견제하겠다는 그들이 정치에 나설 때 그들에게 걸맞은 오블리제, 즉 책임을 부여했다. 그들이 만들겠다고 주장해온 공정하고 정의로우며 특권 없는 사회, 과정과 결과가 정의로운 사회는 그들에게도 적용되어야 하는 '강력한 사회 계약'이다.

사회의 새로운 권력인 20% 집단을 규제하기 위한 사회적 합의가 필요한 시점이다. 20%의 비리는 1%의 비리와는 질적으로 다를 것이기 때문이다.

## 깨진 유리창

범죄사회학에는 '깨진 유리창'이라는 법칙이 있다. 1969년 스탠퍼드대학 교수가 실험을 위해 자동차 2대를 골목에 세워뒀다. 1대는 엔진 덮개만 열린 상태, 다른 1대는 엔진 덮개가 열린 데다 차 유리창도 조금 깨진 상태였다. 일주일이 지나자 다른 차는 비교적 상태가 괜찮았지만, 유리창이 깨진 차량은 거의 폐차 수준이 됐다.

사회란 아주 사소하고 작은 단계부터 바로잡지 않는다면 무질서가 가속화된다는 것을 실증적으로 보여주는 예다. 깨진 유리창 법칙이 주는 시사점은 사회는 더 미세한 영역까지 팽팽한 균형 상태로 이뤄졌다는 사실일 것이다.

범죄·일탈과 안전하고 평화로운 사회의 경계에는 고작 깨진 유리창 하나가 있을 뿐이다. 범죄자들은 유리창이 고쳐지지 않는다면, 사회의 모든 중요한 것을 훔치려고 할 것이다. 비단 그것이 차량이나 집이 아니라 다른 무엇이라고 해도 말이다.

사회는 팽팽한 견제, 이로 인한 균형이 있어야 한다. 그래야 권력형 범죄와 비리를 예방할 수 있다. 이런 면에서 깨진 유리창을 고치지 않는 집단을 비판하는 것은 정도가 지나친 것이 아니다.

의도적으로 깨진 유리창을 고치지 않는다면, 범죄를 방조하는 것이 아닌가라고 의심할 수 있다. 깨진 유리창으로 범죄자들이 드나드는데, 이를 고치지 않는다면 당신의 동네를 그들에게 맡길 수 있겠는가.

이른바 20% 사회도 예외는 아니다. 20%가 주도하는 사회도 깨진 유리창을 내버려두면 아수라로 변한다. 최근 깨진 유리창의 법칙을 20% 집단이 간과하고 있는 것 아닌가 혹은 20% 집단이 깨진 유리창을 그대로 내버려둔 것은 아닌가라는 의구심을 가지게 되는 몇몇 사건을 접하고 있다.

문제가 되는 부분은 금융 분야다. 피해 규모가 1조 6,000억 원대로 알려진 사모펀드 사태가 불거진 지 1년도 지나지 않아 5,000억 원 규모의 사모펀드 사기 사건이 터졌다. 천문학적인 피해로 여러 사람이 곤란에 처했다. 금융 분야의 깨진 유리창이 제대로 고쳐지지 않았다는 사실이 드러나고 있다.

처음에 사모펀드 사건은 고수익을 보장한 리스크가 큰 금융 상품의 참담한 실패에서 기인한 금융 사고로 치부됐다. 여기에 또 다른 사모펀드 금융 사태까지 불거지면서 세상은 한국의 금융계에서 벌어진 난장판에 눈길을 고정하고 있다.

피해가 막대한 사모펀드 사건이 깨진 유리창 법칙과 양상이 비슷하다는 사실이 놀랍지 않다. 상대적으로 규제를 적게 받는 사모펀드라 문제가 커졌다는 시각이 있지만, 사건을 자세히 들여다보면 다른 면면들이 보인다.

소수의 부유층만 대상으로 한다는 사모펀드가 왜 이렇게 피해 규모가 커졌을까. 그 배경에는 사모펀드가 사모펀드의 영역에만 머물지 않았던 현실이 있다. 금융 당국의 규제를 받는 데다 내부 규제도 엄격하고 강력할 것이라고 믿어온 거대 금융 기관들이 등장하고 이들이 연계되면서 사기 규모가 급속도로 커졌다.

사모펀드라는 금융의 말단부가 몸통을 흔든 격인데, 꼬리가 몸통을 흔들게 된 배경으로 정치권이 거론되고 있다. 권력을 가진 누군가가 사모펀드로 시도된 금융 사기의 규모를 키울 수 있도록 도와주고 문제를 묵인한 것이 아니냐는 의혹이 제기된다.

이런 주장이 제기되는 이유는 사건에서 정치인의 실명이 등장하기 때문이다. 그 외에도 청와대 관계자의 이름이 등장한다. 한 사건과 관련된 핵심급의 인물이 청와대에 입성했고, 사건이 불거진 이후에도 근무했다는 사실이 알려졌다. 또 다른 사건에도 청와대 관계자가 등장한다. 청와대에 파견된 금융 규제 기관 관계자가 금품을 받고 금융 감독 관련 문건을 누출했다는 혐의로 재판에 넘겨졌고 실형이 선고됐다.

잇따라 터진 사모펀드 사건이 깨진 유리창형 비리라는 주장이 나오는 이유다. 정치권력의 의도적 훼방 혹은 묵인·누락으로 금융계의 깨진 유리창이 방치된 것 아니냐는 비판이 나오는 것이다. 물론 현재까지 야권은 권력형 비리를 주장하고 있으며 여권은 이를 강력히 부인하고 있다.

이번 정부에서 불거진 금융 관련 비리 의혹은 더 있다. 등장인물은 공교롭게도 권력을 쥔 정치 집단이다. 20% 집단이 권력을 잡은 공정하고 정의로운 사회에서 유독 금융 관련 사건이 생기는 이유가 있을까. 비단 우연일까.

1% 계층과 20% 계층의 경제적 배경의 차이를 떠올려보면 오히려 의문이 쉽게 풀릴 수 있다. 1%는 천문학적 자산을 축적한 집단이다. 20% 계층 집단은 1%에 비해 그렇지 못한 집단이다. 20% 주변도 마찬가지다. 금융 사기란 일확천금을 벌 수 있는 구조를 만들려는 전문적인 범죄 행각이다.

1% 집단과 달리 자산이 상대적으로 부족한 20% 집단이 이런 금융 사건에 연루되기 쉽다. 금융 사기라는 패턴에서 정치인들의 이름이 반복적으로 거론되는 이유도 설명이 된다. 금융은 특히 내부 통제가 중요한 영역인데, 규제라는 제약을 풀기 위해서 정치인을 포섭하는 방식이 동원되는 것이다.

모든 범죄에는 패턴이 있다. 정치 게이트와 관련된 사건에도 패턴이 있다. 천문학적인 실물 자산을 가진 1% 집단의 비리는 정치 자금이나 이권을 상납하는 패턴을 보였었고, 이를 통해 자신의 자산을 안정적으로 지키거나 보장받으려는 양상이 강했다.

1% 집단의 범죄는 최순실 게이트 당시 국회 청문회에서 보듯이 그 형태가 어떻게 되었든, 종국에는 정치권력에 돈을 상납하는 구조가 대표적이었다. 이를 위해 대기업은 비자금을 만들 필요가 있었다. 이런 패턴이 대기업 오너 일가를 감옥으로 향하게 한 대부분 모습이었다.

즉 1% 집단의 범죄는 사회 유력자들이 유력 정치인에게 뇌물을 건네주고 이를 통해 자신의 이득을 지키려는 측면이 컸다. 20%가 주도권을 잡은 세상에서 권력자 주변의 비리는 1% 집단과는 다른 양상을 보인다.

최근 일어난 금융 사건으로, 게다가 법적인 판단도 내려지지 않은 사건을 두고 1% 계층과 20% 계층의 비리 유형을 마냥 일반화할 사안은 아닐 것이다. 사법적인 결론과 함께 학문적으로 더욱 정밀한 연구가 필요한 대목이다. 게다가 1% 집단도 로비를 거쳐 금융 규제 기관 무력화를 통해 대규모 금융 비리 사건을 일으킬 여지가 있다.

여기서 20% 집단의 구조적 취약점을 살펴보는 것이 중요하다. 일련의 사모펀드 사기 사건을 통해 20% 집단에 대한 통제가 필요하다는 점을 인식해야 한다. 사회가 집중 견제해온 1% 집단뿐 아니라 20% 계층, 그들을 대표하는 정치 집단도 그들의 표면적 주장과 달리 정의롭지 않을 수 있다는 점을 이해할 필요가 있다.

당신이 조금 더 지각 있는 시민이라면, 20%가 주도권을 잡은 세상에서는 이들에 대한 통제를 강화해야 할 필요가 있다는 점을 납득할 것이다.

공교롭게 20% 집단이 주도하는 사회에서 과거와는 다른 일들이 일어나고 있다. 오비이락 격이겠지만, 이번 정부에서 한국 검찰의 최대 금융 범죄 수사의 본산이 해체됐다는 점은 눈여겨볼 필요가 있다.

금융 비리를 견제하는 큰 감시 타워가 없어졌다. 해당 검찰 부서가 금융계와의 유착으로 문제가 있었기 때문이라는 정부 측 설명이 있었다. 감시 타워에 대한 감찰 기능을 더 강화하는 방식이 더 옳지 않았을까.

감시 타워를 파고들 정도로 강력한 로비력을 가진 집단을 전문적으로 감시해온 검찰 부서를 없애는 것이 현명한 해법이었는지 이견이 있을 것이다.

더욱이 이런 해법은 이번 정부가 보인 대응 태도와도 결이 사뭇 다르다. 부동산 사안을 보면, 규제를 더욱 강화하는 형식으로 정부의 규제 방식은 진화했다. 각종 규제 대책에 더해 기존에 없던 부동산 감시 센터를 신설하고, 정부 기관이 중복적으로 부동산 문제를 필터링하도록 변했다.

정부 측의 주장처럼 검찰의 금융 비리 수사 센터를 없애는 것이 현실적 여건상 올바른 방향이었다고 해도 분명 이번 정부의 문제 해결 방식과 달랐다는 점은 의아한 대목이다. 금융 분야는 다른 경제 영역과는 상이한 규제 방식이 적용되는 것일까.

사모펀드 문제가 불거진 지 꽤 시간이 지났지만, 사모펀드에 대한 규제는 제자리라는 보도가 나온 지 오래다. 정부 권력과 입법 권력을 가진 20% 집단은 반복되는 금융 비리 사건에 대해 모종의 도덕적 책임을 져야 할 것이다.

그들은 깨진 유리창 앞에서 머뭇거리는 것인가. 한국 사회는 청와대 인사와 만나거나 정치인과의 친분을 과시하는 인사가 영향력을 미칠 수 있는 깨진 유리창이 있는 것으로 보인다. 시민은 유리 조각에 찔리듯 금융 사기에 무방비 상태였다. 깨진 유리창, 과연 누구의 책임인가.

## 의심받는 진정성

20%의 세계에도 성골聖骨이 있다. 20% 정치 집단과 관련된 사건이 터지면 반복되는 패턴에서 이를 확인할 수 있다. 바로 20% 집단의 '우리 편 감싸기'다. 사회를 뒤흔들 만한 논란을 일으키고 법적인 문제를 만들어도 그 대상이 누구냐에 따라 20% 집단의 대처가 달라진다.

이 역시 많은 사례가 있겠으나, 앞에서 언급한 상징적인 사건에서도 이런 경향은 쉽게 확인할 수 있다. 포털사이트 여론 조작 사건과 연루 의혹이 불거진 유력 정치인의 행보를 보자. 그는 검찰 수사 속에서도 도지사에 출마했다. 그 뒤 구속까지 됐다 풀려나기도 했고 2심까지 실형이 나왔지만, 당내 비판 움직임이 눈에 띄지 않는다. 2심이 확정되기 전 그는 세간에서 유력 차기 대권 주자로 언급되기도 했었다.

"절반의 진실만 밝혀졌다"라는 해당 정치인의 주장처럼 그가 결백하다고 해도 정치권력이 사법 체계를 고려하지 않고, 자기편 감싸기만 한다고 볼 여지가 충분하다. 특검 수사가 진행된 사안에서 기소가 이뤄지고 1심에 이어 2심까지 유죄가 난 정치인을 두둔한다는 것은 우리나라 정서상 쉬운 일이 아니다.

법은 사회의 근간이다. 그런데 법 위에 정치가 있는 격이다. 한국의 최고 엘리트가 인정하지 않는 사법 체계를 시민은 신뢰할 수 있을 것인가. 다른 정치 세력의 비리나 도덕적 문제에 대해 겨울 서리같이 엄정한 추격 집단이 자기편에는 관대하다는 비판은 쉽게 찾아볼 수 있다.

항상 문제는 일정 수준에서 그치지 않는다. 정치권력의 우리 편 감싸기가 노골화하고 있다. 이들의 감싸기는 이제 자기편에 대한 단순 옹호 수준을 넘어 정치적인 권력의 방어 수단으로 발전하고 있다.

추격 집단의 비례의원이 된 전직 대통령의 아들이 부동산 투기 의혹으로 구설에 오르게 되자 당은 해당 의원을 제명했다. 비례의원에서 제명되면 해당 의원은 국회의원직은 유지할 수 있다. 비례의원은 정당이 선택한 인물이다. 정당이 그 선택에 책임을 져야 한다는 의견이 다수다.

그런 맥락에서 추격 집단의 제명 결정은 함의가 모호하다. 정당이 인사 검증을 제대로 못 한 잘못을 책임질 의사가 없는 것인지, 혹은 해당 의원이 의원직을 상실할 정도의 위중한 문제점은 아니라는 판단인지, 아니면 무죄를 받고 당으로 복귀하라는 것인지, 추격 집단이 내린 결정의 정확한 의중은 알 수 없다. 당에서 문제가 있다고 제명된 해당 의원은 국회의원직을 유지하고 있다. 그는 2020년 11월에도 무소속 국회의원이다.

비슷한 사례는 또 있다. 시민 단체 대표 활동을 하다 비례의원이 된 국회의원이 자신이 몸담은 단체 후원금을 유용했다는 의혹이 일었다. 이 의원은 의혹을 부인했으나, 수사 끝에 재판에 넘겨지자 추격 집단은 당원권과 당직 정지 조치를 했다. 해당 의원은 여전히 여당 소속이다.

추격 집단이 내린 결정에는 우리 편에 대한 온정적인 대처 이상의 노림수가 있다. 이들 비례의원 모두 추격 집단의 핵심적 지지층과 연결된 상징적 인물이라는 공통점이 있다. 한 의원은 호남 표심을 상징하는 김대중 좌표를, 다른 의원은 시민 사회 세력을 상징한다. 추격 집단이 잃어서는 안 되는 우군들이다. 이 사례들이 우리 편 감싸기가 추격 집단이 자신의 권력을 방어하는 수단으로 진화하고 있다는 구체적인 방증이다.

20% 집단이 이야기한 공정과 정의는 과연 무엇인가. 정치권력에는 노덕석 잣대를 엄격하게 적용해야 하는 것이 아닐까. 여러 사례가 더 있다. 당신도 이제 사안이 아니라 사람에 따라 조금씩 달라지는 공정과 정의의 잣대를 볼 수 있을 것이다. 그것이 옳은가. 시민이 정치에 권력을 양도하고, 부여하는 것은 스스로를 감싸라고 권력을 양도한 것이 아닌 데 말이다. 권력의 월권행위다.

"보수는 부패로 망하고, 진보는 분열로 패한다"라는 표현은 틀렸다. 많은 이가 공감하는 내용이었으나 더는 사실이 아니다. 사람의 의식 속에 1% 집단은 부패 집단으로, 진보는 아마추어 집단으로 대치되는 문구이기도 하다. 이는 "모든 권력은 부패의 기로에 서 있다"라는 한층 단순화한 문구로 바꿔야 할 것이다. 이념적 지향과 무관하게 권력을 잡은 세력이 부패할 개연성을 지닌다는 것이 오늘의 상황에 더 적합한 표현일 것이다.

20% 집단의 부정不正은 1% 집단의 부패와는 다른 의미를 지닌다. 큰돈을 권력에 상납하지도 않고, 조직폭력배를 동원해서 폭력을 행사하거나 마음에 들지 않는 직원을 폭행하지는 않는다. 이들의 부정은 극단적인 형태의 부정부패 기준으로 보면 (이렇게 표현해도 될지 모르나) 그들을 옹호하는 일각의 주장처럼 소악小惡이라고 할 만한 것들도 있다.

그러나 그것이 그들의 주장처럼 그들의 흠결을 사회가 용인하고, 그들을 처벌 앞에서 한 발 물러 세워야 할 것인가의 문제는 전혀 다른 것이다. 정부와 입법 권력을 장악한 20% 집단은 다른 측면에서는 한국 사회를 한층 더 세밀한 법적 규제 위에 올리고 있다. 많은 규제를 만들고 규제의 턱을 한층 올리고 있다.

그런 그들이 유독 자신들이 특권이라고 이야기될 수 있는 차등적 권리를 누려야 한다고 주장한다면, 이것이 바로 권력의 오만이다. 1% 계층이 주장해온 특권적 지위와 어떤 차이가 있는 것인가.

20% 집단은 자신의 허물에 대한 사회와 법의 기준이 과하게 까다롭다고 주장한다. 이를 검찰 탓으로 돌리기도 한다. 20% 집단이 한국 사회에서 법을 집행하는 기관인 검찰을 적대적인 기관으로 꼽는 이유일 것이다. 20% 집단은 내심 그들만의 특권적

처우를 인정받고 싶은지 모른다. 권력으로 그런 지위를 만들고 싶은 유혹에 빠져 있는지도 모른다.

20% 집단은 이런 면에서 이중적이다. 그들은 법과 검찰 수사의 가혹함에 힘입어 권력 지형을 자신들에게 유리하게 바꿔왔다. 그간 20% 집단은 상대 집단 혹은 자신들의 반대 세력에 대해 더욱 가혹한 법 집행을 검찰이나 법원에 강조해왔다.

이들은 여전히 자신들의 대척점에 선 개인이나 집단에 대해서는 가혹한 법 집행을 주장하고 있고, 이를 위해서 자신들이 장악한 입법 기관을 통해 새로운 법을 만들거나 만들려고 하고 있다.

새로운 수사 기관이 만들어지고 기존의 검찰 기관이 해체·재편되는 와중에 전혀 예상치 못한 일이 생길 수 있다. 깨진 균형 속에서 20% 집단이 좌우할 수 있는 강력한 감시 체계와 새로운 형태의 수사 권력 기관이 한국 사회에 모습을 드러낼지 모른다. 새로운 기관은 20% 집단의 의중을 완벽하게 반영해 만들어질 수도 있다.

20%는 공정한가? 사회의 정의를 요구하려면 그만큼의 책임을 져야 한다. 20% 집단은 무소불위의 전위 세력이 아니라 시민이 주는 권력을 행사하는 대리인일 뿐이다. 탄핵의 시간에서 누가 정국을 이끌었는가를 기억해보라.

탄핵의 시간 이후 강력한 권력을 가지게 된 20% 집단이 스스로 특권적 선민의식을 버리지 않는다면 20% 집단의 현실 불일치, 현실에서의 인지 부조화 상황은 계속될 것이다.

20% 집단이 불일치 현상이 생기는 사회 상황을 개선하기 위해 자신이 잡은 권력 기관이나 언론 또는 사회 여론 등 다른 수단을 동원할수록 사회는 더욱 혼탁해질 가능성이 크다. 사회를 지탱하는 계약이 종잇조각이 되어버린다면 누가 사회를 신뢰하겠는가.

살아 있는 권력을 수사해달라며 임명한 검찰총장을 기어코 경질하겠다는 권력의 변심에서부터, 서울·부산시장 보궐 선거 후보 문제에서 보듯 당헌 당규마저 쉽게 번복하는 정치 집단에 대해 시민은 내심 무언無言의 판단을 하고 있을 것이다.

20% 집단이 시민이 위탁한 권력의 속성을 이해하지 못하고 자신들의 세력을 지키기 위한 '방탄' 권력을 행한다면, 정치적으로 그 대가를 치르게 될 것이다. 20% 집단은 시민의 시선에서 자신들을 바라볼 필요가 있다. 20% 집단을 지지해준 다수의 하위 집단은 그러한 일을 할 수 없는 시민이다. 그래서 20% 집단의 공정과 정의에 대한 진정성이 의심받는 상황이 일어난다. 20% 집단에 대해 시민은 분노할 것이다.

20%는 정의로운가? 그런 시절이 분명 있었다. 그래서 20% 집단의 손에 막강한 권력이 쥐어졌다. 하지만 오늘날 20% 집단이 여전히 정의로운가에 대한 질문의 답은 이 책을 읽는 여러분에게 맡긴다. 뉴노멀 정치 시대에 제기되는 새로운 공정과 정의의 문제다.

# 생각,
# 당신을 위한 정치

마지막 강의입니다. 수업을 마치려 합니다. 꽤 많은 시간을 들여 공부했는데 여전히 많은 부분이 공백으로 남았습니다. 수많은 정치 주제 중에서 가장 핵심적인 것을 이야기하겠습니다. 가장 중요한 것은 바로 당신입니다. 세상에는 많은 정치사상이 있습니다만, 모든 지향점은 당신을 위해서 존재해야 할 것입니다.

'민주주의'. 시민이 주인이라는 의미입니다. 주인은 자유롭고 풍요롭고 행복할 것입니다. 사회가 그런 행복의 길을 향해가는 것이 바로 사회와 국가의 발전입니다. 당신의 행복이 없는 정치는 위선입니다.

당신을 불안하게 하지 않는 정치가 필요한 시대입니다. 여러 정치인이 저마다의 장밋빛 계획표를 내세웁니다. 그 계획표에 당신의 행복이 있는지 살펴보길 바랍니다. 한국 사회에 필요한 것은 균형입니다. 불안한 한국 사회를 다시 보듬어야 합니다.

지금은 너무나 불안합니다.

당신의 일자리가 흔들리고, 당신의 내일이 불안하고, 당신의 이웃이 위태롭습니다. 여러분의 집에 평온을 가져다주는 것이 바로 우리가 지향해야 할 정치입니다. 사회가 다시 안정적인 균형점을 찾아갈 수 있을까요.

당신이라는 의미를 찾아줄 시대정신을 찾아야 합니다. 우리 정치는 재탕 정치입니다. 한국은 여전히 낡은 정치 시대에 빠져 있습니다. 왜 정치가 당신의 마음을 벅차게 하지 못하고 힘들게만 할까요. 요즘 정치인들은 시대정신을 읽어낸 선각자의 사상을 복제해서 반복하고 있습니다. 20년간 되풀이되는 시대정신은 이미 낡은 정신입니다. 가장 번성하는 집단의 시대정신도 한계를 노정하고 있습니다.

생명력이 없습니다.

죽은 정치를 하는 한국 사회는 공존과 번영이 아닌 협박과 위협, 강압의 정치가 난무합니다. 한국의 민주주의는 과연 발전하고 있는지 우리는 곰곰이 생각해봐야 합니다.

민주주의가 발전한다는 것은 당신이 더는 불안하지 않고, 당신이 더는 슬프지 않고, 당신이 더는 힘들지 않다는 것을 의미합니다. 사회의 주인인 당신의 삶은 얼마나 행복해졌는지 묻고 싶습니다.

아직 긴 여정이 남았습니다.

우리가 바라는 민주주의가 시민이 주인이 되고, 사람들의 자유로운 공동체가 한국 사회가 되는 시점은 아직 멀었습니다. 정치 공부를 여러분에게 권하는 이유는 당신이 행복하지 않아서입니다.

지금 행복하지 않은 당신에게 누군가는 말해야 합니다. 사회의 현실을 조금이나마 진정성을 담아서, 누군가는 이야기해야 한다고 생각합니다. 그러한 관심이 우리를 더 나은 방향으로 일으켜 세울 것입니다.

한국은 거대한 소용돌이가 지나갔습니다.

또 다른 폭풍이 다가오고 있습니다. 코로나-19라는 전대미문의 괴물이 우리의 앞길에 서 있습니다. 한국 정치가 민주주의라는 험난한 길에서 경로를 이탈하지 않고 잘 갈 수 있을지 걱정입니다. 2000년대 이후에 많은 나라가 민주주의 경로에서 이탈했습니다.

시민은 합법적 절차라는 '정치의 덫' 속에서 주인 된 권리를 정치인에게 넘겼습니다. 경찰국가가 세계 곳곳에 생겨났습니다. 아프리카 최빈국 상황이 아닙니다. 유럽과 아시아, 여러 국가의 현재 모습입니다.

　민주주의로 향해 달려가는 듯했던 이들 나라는 이제 시민이 주인이 아닙니다. 시민이 위협받고 박해받는, 강력한 스트롱맨의 나라로 추락했습니다. 극단적인 예일 수 있지만, 현대 정치 체제에서 민주주의를 지키는 일은 점점 힘들어지고 있습니다.

　정치에 관심을 가져야 하는 이유는, 바로 정치가 잠깐의 방심으로 모든 것이 퇴행하는 아슬아슬한 낭떠러지 같은 구조를 지녔기 때문입니다. 불과 20년도 안 되는 시간 동안 많은 나라가 균형을 잃고 더 깊은 나락으로 떨어져 혼돈의 상태에 빠졌습니다. 시시포스의 형벌처럼 힘들게 절벽 위로 바위를 밀어 올려도 한순간에 바닥으로 떨어지는 것이 정치의 세계입니다.


　한국 정치는 어떨까요.

　과연 언제나 민주주의가 발전할까요. 민주주의를 위협하는 사회·정치적 위기를 잘 극복할 수 있을까요. 개인의 일거수일투족까지 추적이 가능해질 정도로 기술 문명이 발전하고 정치에 대한 포퓰리즘적 구호가 넘치지만, 진실한 정치에 대한 고민은 점점 사라지고 있습니다.

　포스트 탄핵의 시대는 디지털 포퓰리즘의 시대입니다. 포퓰리즘이 기승을 부리는 한 이유는 균형이 무너졌기 때문입니다. 정치 감각이 탁월한 유능한 정치인일수록 균형이 무너진 정치의 폐허 속 갈림길에서 포퓰리즘에 대한 유혹을 받을 것입니다. 지금도 과거와 달리 많이 변한 정치인을 떠올릴 수 있을 것입니다.

강력한 포퓰리즘으로의 유혹 속으로 정치가 흡수될수록 정치 집단의 권력에의 집착도 강해질 것입니다. 경계가 사라지면 목적만 남게 됩니다. 정치적 아노미 현상이 도래하는 것은 순식간일 것입니다. 포퓰리즘은 오래된 정치 제도인 대의민주주의의 약점을 쉽게 파고들어 사회를 좌지우지하려 할 것입니다. 오늘의 정치보다 내일의 정치를 걱정해야 하는 이유입니다.

이제 당신은 알 겁니다. 사회가 불안하고 위태롭습니다. 그 현상을 인정하고 안정적인 질서를 만들기 위해서 머리를 맞대야 합니다. 무너진 균형 위에서 견제가 무너져 독주하는 정치 집단들에게 이야기해야 합니다. 정치에서 가장 중요한 것은 당신, 시민이라고 말입니다.


바로 낭신의 삶이 중요합니다.

균형이 깨지면 견제받지 않는 '리바이어던'이 출몰합니다. 정치와 당신은 결국 어느 지점에서 부딪힐 수밖에 없습니다. 견제받지 않은 권력은 그렇게 여러분의 삶에 개입하기 시작합니다. 당신을 움직이려고 많은 전략과 감언이설과 술책을 내놓을 것입니다.

늑대의 빨간 망토를 쓴 리바이어던을 한눈에 알아봐야 합니다. 정치가 풍요를 약속한다고 해도 찬찬히 따져봐야 합니다. 정치인의 약속은 그럴듯해 보이지만 사실은 그 실체가 명확하거나 확실하지 않습니다. 정치의 전략을 시민이 간파할 때, 정치가 사회와 삶을 위험한 나락으로 빠뜨리는 것을 막을 수 있을 것입니다.

정치의 본질이 괴물, 리바이어던임을 기억해야 합니다. 이를 충분히 견제할 수 있을 때 정치는 당신에게 머리를 조아릴 것입니다. 우리 사회에는 몇 가지 시급한 과제들이 있습니다. 정치에 흡수된 시민 사회를 재건해야 합니다. 정치에 경도된 시민 사회를 시민의 힘으로 다시 일으켜야 합니다. 정치와 당신 사이에 모닥불을 피워올려야 합니다.

오늘의 시대정신을 찾아야 합니다. 짧게는 20년, 길게는 60년이 된 낡고 오래된 시대정신을 대신할 오늘의 시대정신을 찾으려는 시도가 필요합니다.

혼돈의 시대에 우리를 이끌 시대정신은 아직 나타나지 않았습니다. 정치의 균형이 무너지면서 시대를 이끌 시대정신에 대한 실마리도 함께 사라졌습니다. 시민도 시급한 과제를 점점 잊어가고 있습니다.

시대정신을 찾는 길은 지난하지만, 꼭 필요한 길입니다. 정치적 도전과 사상적 논의, 시민의 용기가 필요합니다. 언제나 깊은 어둠 속에서 그 시대를 이끌어줄 시대정신이 나타났습니다. 다음의 정치 좌표는 반드시 나타날 것입니다. 시대의 분기점은 벌써 우리 곁에 와 있을지 모릅니다.

당신의 삶을 위해서입니다.

시대의 흐름이라는 투박한 원석 속에서 '시대정신'이라는 견고하고 강인한 다이아몬드를 찾아야 합니다. 파괴된 균형을 딛고, 더 나은 민주주의를 위한 길을 열어야 합니다.

남루한 현실이 인간을 지배하는 것이 아닙니다. 오직 강인한 생각만이 남루한 현재를 미래로 이끌 수 있습니다. 생각이야말로 인간의 가장 강력한 힘입니다. 어떤 생각이 필요할까요? 그래서 정치 공부는 계속되어야 합니다.

좋은 정치란 무엇일까요?

정답은 언제나 정해져 있습니다. 바로 당신을 위한 정치가 가장 좋은 정치입니다. 세상을 바꾸는 정치보다, 풍요를 약속하는 정치보다 바로 당신을 위한 정치가 가장 좋은 정치일 것입니다.

지치고 힘든 당신에게 묻습니다.

"지금 당신은 어디에 있습니까?"

"무엇에 의지해 어두운 길을 걷고 있습니까?"

**생각이 당신을 이끌 것입니다.**

KI신서 9540

# 권력은 어떻게 무너지는가

**1판 1쇄 인쇄** 2021년 1월 20일
**1판 1쇄 발행** 2021년 1월 27일

**지은이** 육덕수
**펴낸이** 김영곤
**펴낸곳** (주)북이십일 21세기북스

**출판사업본부장** 정지은 **인문기획팀** 양으녕 김다미 최유진
**기획** 디어시즈 **디자인** 제이알컴
**마케팅팀** 배상현 한경화 이현진 김신우
**영업팀** 김수현 최명열 임민지 **제작팀** 이영민 권경민

**출판등록** 2000년 5월 6일 제406-2003-061호
**주소** (10881) 경기도 파주시 회동길 201(문발동)
**대표전화** 031-955-2100 **팩스** 031-955-2151 **이메일** book21@book21.co.kr

© 육덕수, 2021
**ISBN** 978-89-509-9383-2 03300

**(주)북이십일** 경계를 허무는 콘텐츠 리더

21세기북스 채널에서 도서 정보와 다양한 영상자료, 이벤트를 만나세요!

**페이스북** facebook.com/jiinpill21 **포스트** post.naver.com/21c_editors
**인스타그램** instagram.com/jiinpill21 **홈페이지** www.book21.com
**유튜브** youtube.com/book21pub

· · · · · · · ·
서울대 가지 않아도 들을 수 있는 명강의! 〈서가명강〉
유튜브, 네이버, 팟빵, 팟캐스트, AI 스피커에서 '서가명강'을 검색해보세요!